KB234782

상상력과
호기심이 가득한
창작콘텐츠극 콘극

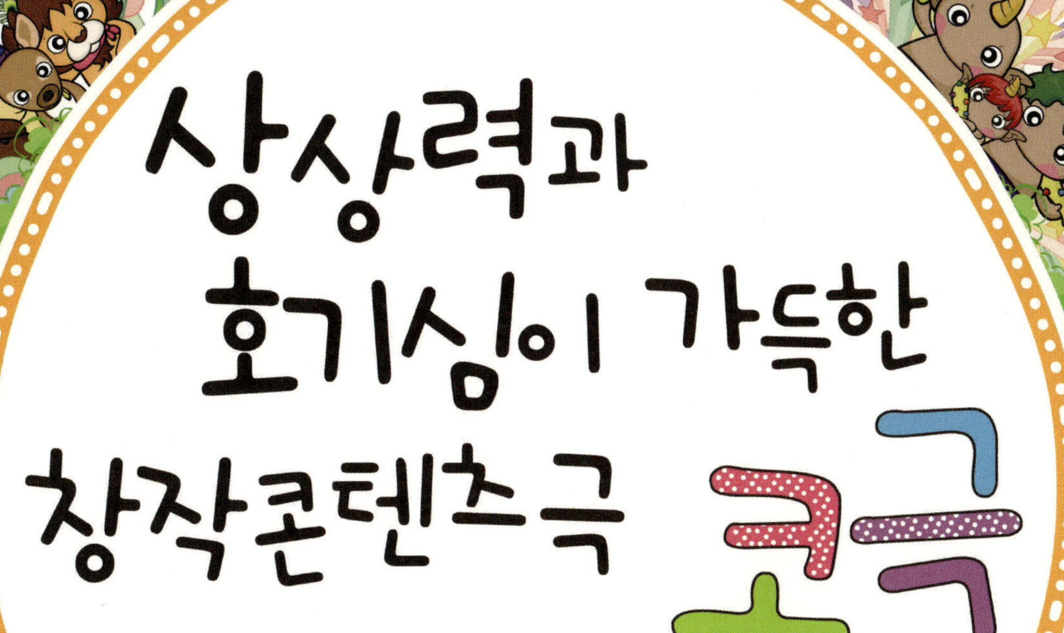

상상력과 호기심이 가득한 창작콘텐츠극 콘극

(주)지백프로 오상석 지음

창작콘텐츠극 Basic
버전 CD 제공

추천 !!
3~5세 누리과정에 맞춘 교육 교재
인터넷, 미디어 중독 예방의 활용 교재

이담
Books

첫째 딸 유성이가 옆에 눕더니 이야기를 들려달라고 했다. 평소에도 책을 많이 읽던 습관인지 자기 어렸을 적 이야기가 궁금한 모양이었다. 지난 이야기를 들려주는 가운데 약간 과장하여 들려준 부분에서 웃으며 재미있어했다. 좀 더 재미를 주기 위해 포장한 이야기는 엉뚱하게 흘러갔고 듣는 내내 함박웃음을 지으며 깔깔댔다. 그래서 개발하기 시작된 콘극은 상상력과 호기심이 가득한 창작콘텐츠극으로 거듭나며 다듬어졌다. 단절된 선생님과 학생의 관계를 더욱 이어주고 소통하며 서로를 이해할 수 있는 도구로 쓰이게 되었다.

시대는 더 많은 정보와 능력을 요구하고 아이들은 반복된 학습굴레 속에서 스스로 배우고 학습하는 소위 만능으로 자라나야 한다. 혼자서 그 모든 것을 해야 한다. 그러면서 대화는 줄고 관계는 약해지고 성장하면서 함께가 아닌 홀로서기를 너무 이른 때에 강요를 받는다. 많은 사회적 문제가 표출되면서 대안이 절실히 필요한 때가 지금이 아닌가 싶다. 생애주기에 5세는 매우 중요한 시기이며 놓쳐선 안 될 다양한 교육이 필요함을 모두가 알고 있어 정부에서도 누리 과정 정책을 만들었다. 그래서 우리는 더욱더 콘극을 활용한 수업사례를 개발하고 보급하고 있다. 이야기를 중심으로 서로 말하고 느끼며 관계가 즐거울 수 있는 수업을 돕는다.

콘극이 청소년미디어센터에 교육과정으로 채택되면서 초등학생 2학년에서 5학년까지의 아이들을 만나 수업을 하고 있는데 참 재미있다. 강사인 나보다 학습하는 아이들이 더 떠들고 웃으며 한바탕 이야기꽃이 펼쳐진다. 전래동화나 이솝우화의 이야기를 새롭게 창작하며 창작콘텐츠극을 만들고 있다. 초등학생들이라 다 한 번쯤은 읽었을 스토리를 가지고 자기만의 관점으로 상상하며 이야기를 이어가는데 아이들은 말도 안 되는 황당한 이야기를 하기도 했다. 가만히 듣고 있으면 쓸데없는 이야기 같지만 이 아이들은 정제되지 않은 친구들의 이야기를 통해 즐거워하고 평소 할 수 없었던 말을 많이 하면서 기분이 좋아 보였다. 수업을 마칠 때쯤이면 아이들은

상기된 얼굴에 웃음꽃이 가득 펴 '개구진' 얼굴로 날 쳐다보았다. 그 모습이 내겐 기쁨으로 다가왔고 보람이 되었다.

콘극으로 수업을 하다 보면 유치원이나 어린이집에서도 유사한 분위기를 느낄 수 있다. 초등학생보다 나이는 어리지만 더 진지하고 이야기를 구체적으로 알고 있었다. 또한 더욱더 상상력이 풍부해서 현실적인 면이 많은 초등학생보다 들을수록 더 호기심이 생기는 말들이 참 많았다. 표현력이 서툰 유치원이나 어린이집 아이들은 창작 이야기를 결론까지 바꾸기에 어려움이 있지만, 이야기 중간과정을 재미나게 말하고 캐릭터의 동작을 따라 하며 간단한 노래를 함께 부르는 것도 잊지 않았다. 더욱이 콩이야와 리양이 손인형 캐릭터는 정말 인기가 좋았다.

콘극은 스토리를 기반으로 한 프레젠토리(프레젠테이션+스토리) 방식의 창작콘텐츠극이다. 그래서 아이들 혼자 학습하고 창의성을 기를 수 없다. 반드시 부모님이나 선생님이 함께해야 한다. 적어도 둘 이상 함께해야 한다. 서로 대화하며 이야기를 나누고 그 안에서 서로를 알아가며 다양한 창작 스토리를 만들 수 있는 것이 콘극이다. 이미 정해진 콘텐츠를 틀어놓고 편향적으로 시청하는 반복된 학습 콘텐츠는 분명 편리함과 여러 가지 시간적·장소적 이점을 제공한다. 하지만 5세 전후의 아이들에서 초등학생까지, 아니 소통이 필요하고 사전적 시나리오 작업이 필요한 곳이면 창의적 작업의 대안이 있어야 한다. 그것이 바로 콘극이다. 이 콘극을 위해 시작된 '5세 누리 과정' 콘극 교재는 웃음과 창작이 넘치는 소통의 관계를 위한 첫걸음이다.

이 책이 나오기까지 물심양면 도와주신 모든 분들께 감사의 인사를 드립니다. 특히 권성용 대리님, 서민영 책임님, 이미향 선생님께 깊은 감사를 표하며 시백프로의 발걸음을 인도하신 하나님께 감사드립니다.

2013. 1.
오상석

목차

신체운동 · 건강

1. 건강하게 생활하기 1
−전래동화 『소가 된 게으름뱅이』

2. 건강하게 생활하기 2
−이솝우화 『여우와 두루미』

3. 안전하게 생활하기
−전래동화 『해님과 달님이 된 오누이』

신체운동 · 건강

신체운동 · 건강

신체운동 영역은 다양한 신체 활동을 통하여 자신의 신체에 대해 긍정적으로 인식하고, 일상생활에 필요한 기본 운동 능력을 기르며, 신체 활동에 즐겁게 참여하도록 하기 위한 영역입니다.

1. 건강하게 생활하기 1─전래동화 『소가 된 게으름뱅이』

생활의 기본이 되는 건강, 청결에 관한 지식을 습득하고 올바른 생활 태도를 기르기 위한 단원입니다. 전래동화 『소가 된 게으름뱅이』의 창작 이야기, 손유희를 통해 위생적인 생활을 강조하여 유아가 흥미를 느끼고 재미있게 신체의 청결과 위생에 대한 습관을 기르도록 합니다.

1부 원작 이야기

『소가 된 게으름뱅이』는 일하기 싫어하던 청년이 노인의 꾐에 넘어가 소가 된 후 마음을 고쳐먹게 되었다는 설화입니다. 이를 통해 게으름 피우지 않고 부지런하게 살아야 한다는 교훈을 배웁니다.

옛날 어느 마을에 장가갈 나이가 되었는데도 일은 안 하고 빈둥대며 잘 씻지도 않는 청년이 살았어. 마을 사람들은 그 청년을 게으름뱅이라 불렀지. 어머니가 일을 좀 하라고 부추겨도 듣는 둥 마는 둥 했어. 그 청년은 외양간에 있는 소를 보며 놀고먹는다고 부러워했단다. 어느 날 게으름뱅이 청년은 마을 어귀에서 어떤 노인을 만나게 되었는데 그 노인은 청년에게 소의 탈을 주며 이것만 쓰면 소가 되어 먹고 자고 할 수 있다고 했단다. 게으름뱅이는 노인의 말에 혹해 소의 탈을 썼는데 진짜 소로 변해버리지 않겠어? 그 노인은 장터에 나가 소로 변한 청년을 한 농부에게 내다 팔았지.

"이 소에게는 절대 무를 먹이면 안 됩니다. 무를 먹으면 죽거든요."

라고 일러주었어. 소가 된 청년은 먹고 자는 일만 있을 줄 알았는데 온종일 밭을 갈아 힘들었고, 아픈 채찍질이 기다리고 있었어. 게으름뱅이는 게으르게 살았던 자신을 반성하며 어머니를 그리워했단다. 어느 날 청년이 힘든 일을 끝내고 집으로 돌아가는 길에 무가 가득 담긴 수레를 발견했어. 청년은 이대로 살 바엔 죽는 게 낫겠다고 생각하며 무를 덥석 베어 먹었어. 그러자 펑 하며 아래로 떨어지는 느낌이 들면서 잠에서 깨어나게 되었단다. 청년은 꿈을 꾸었던 거야. 게으름뱅이는 그때부터 어머니를 도와 부지런히 일하며 성실하게 살았고 마을 사람들은 청년을 부지런쟁이로 부르게 되었단다.

샘플파일 열기

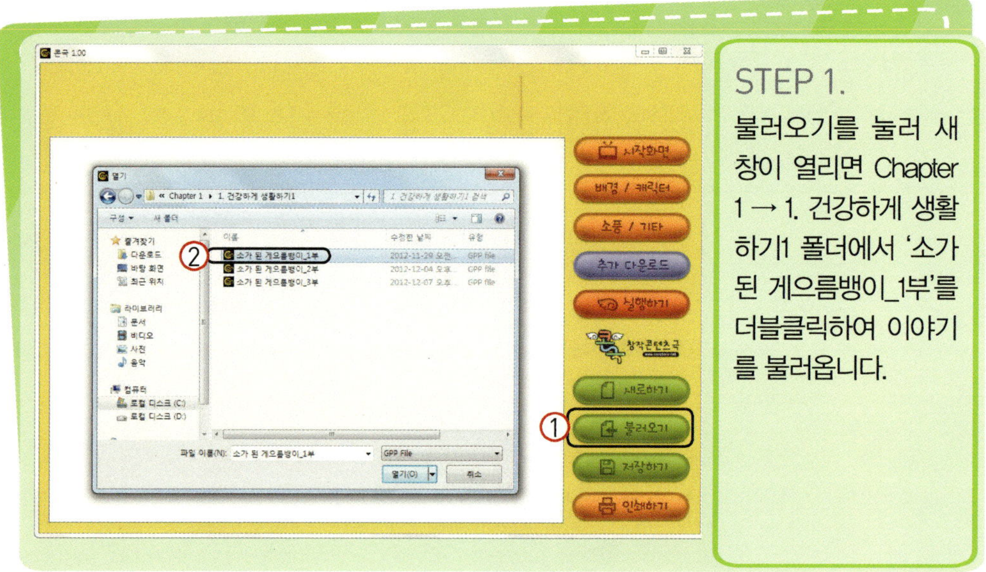

STEP 1.

불러오기를 눌러 새 창이 열리면 Chapter 1 → 1. 건강하게 생활하기1 폴더에서 '소가 된 게으름뱅이_1부'를 더블클릭하여 이야기를 불러옵니다.

STEP 2.

저작도구 화면에 '소가 된 게으름뱅이 1부'가 나타납니다.

수업사례 동영상자료
부록CD 〉 CD내용보기 〉 학습영상 〉 Chapter 1 〉 1.건강하게
생활하기1 〉 소가 된 게으름뱅이 1부

2부 창작 이야기

5세 누리 과정
신체운동 · 건강 〉 건강하게 생활하기 〉 몸과 주변을 깨끗이 하기

게으름뱅이에서 부지런쟁이로 확 바뀌었지만 그동안 귀찮아서 씻지도 않았던 청년이 부지런해졌다고 올바른 손 씻기를 알고 있었을까요? 2부 창작 이야기에서는 깨끗이 씻는 방법을 몰라 쩔쩔매던 청년 앞으로 청년에게 소 가면을 건네던 노인이 다시 나타나 올바르게 손 씻는 방법을 알려줍니다. 이를 통해 유아가 질병을 예방하기 위한 손 씻는 습관을 배우게 됩니다.

확장 활동: 유아와 함께 손 씻기 동작을 하나하나 따라하며 이야기를 진행할 수 있습니다.
손을 깨끗이 씻어야 하는 이유에 관해 이야기 해봅니다.
예) 더러워요, 손에는 세균이 많아요, 냄새가 나요…

샘플파일 열기

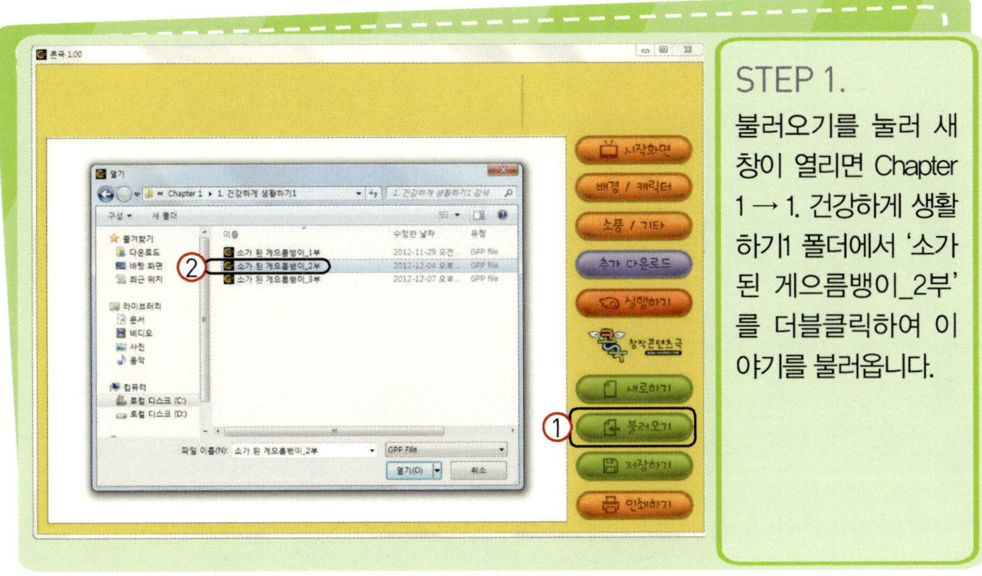

STEP 1.

불러오기를 눌러 새 창이 열리면 Chapter 1 → 1. 건강하게 생활하기1 폴더에서 '소가 된 게으름뱅이_2부'를 더블클릭하여 이야기를 불러옵니다.

STEP 2.

지작도구 화면에 '소가 된 게으름뱅이 2부'가 나타납니다.

실행화면

수업사례 동영상자료
부록CD 〉 CD내용보기 〉 학습영상 〉 Chapter 1 〉 1.건강하게
생활하기1 〉 소가 된 게으름뱅이 2부

3부 우리 이야기

동요를 따라 부르며 깨끗이 씻는 것에 즐거움을 느끼게 하고 신체놀이 손유희를 접목하여 표현 능력과 상상력을 높입니다.

-참 좋겠다
꽃잎은
세수 안 해
방울방울 이슬이 씻어주니까.

나무는
목욕 안 해
주룩주룩 소낙비가 씻어주니까.

확장 활동: 다른 식물로 바꿔서 노래와 율동을 할 수 있습니다.
예) 사과는 세수 안 해 방울방울 이슬이 씻어주니까…

샘플파일 열기

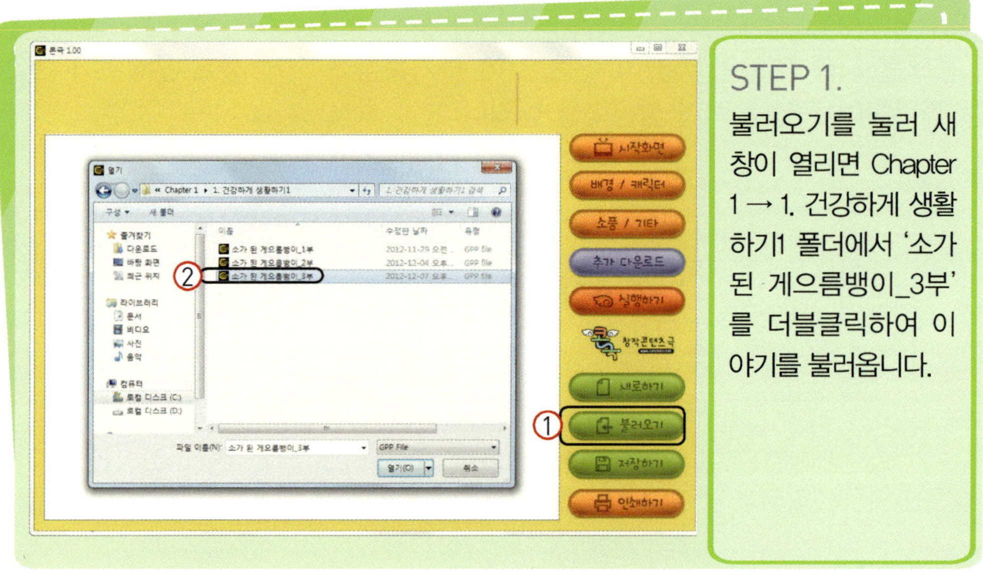

STEP 1.

불러오기를 눌러 새 창이 열리면 Chapter 1 → 1. 건강하게 생활하기1 폴더에서 '소가 된 게으름뱅이_3부'를 더블클릭하여 이야기를 불러옵니다.

STEP 2.

저작도구 화면에 '소가 된 게으름뱅이 3부'가 나타납니다.

실행화면

수업사례 동영상자료
부록CD 〉 CD내용보기 〉 학습영상 〉 Chapter 1 〉 1.건강하게
생활하기1 〉 소가 된 게으름뱅이 3부

신체운동·건강

신체운동·건강

신체운동 영역은 다양한 신체 활동을 통하여 자신의 신체에 대해 긍정적으로 인식하고, 일상생활에 필요한 기본 운동 능력을 기르며, 신체 활동에 즐겁게 참여하도록 하기 위한 영역입니다.

2. 건강하게 생활하기 2-이솝우화 『여우와 두루미』

생활의 기본이 되는 건강, 청결에 관한 지식을 습득하고 올바른 생활 태도를 기르기 위한 단원입니다. 이솝우화 『여우와 두루미』의 창작 이야기, 손유희를 통해 어떤 음식이 우리 몸을 튼튼하게 하는지 배우며 바른 식생활을 실천하는 태도를 익힙니다.

원작이야기

『여우와 두루미』는 여우가 두루미를 골탕먹이기 위해 준비했던 음식 때문에 두루미가 여우에게도 똑같이 꾀를 내어 꾸짖는 이야기입니다. 이를 통해 상대방과 입장을 바꿔서 생각해보고 서로를 배려하는 마음을 지녀야 한다는 교훈을 배웁니다.

옛날 어느 숲 속에는 장난치기 좋아하는 여우가 살고 있었어. 그 여우는 두루미의 외모를 가지고 많이 장난쳤지. 두루미의 부리가 뾰족하다고 말이야. 그러던 어느 날 여우가 두루미를 자기 집 저녁 식사에 초대했어. 두루미는 한껏 기대하고 갔는데 여우가 가져온 음식은 두루미가 먹을 수 없었지. 음식이 넓은 접시에 담겨 있어서 뾰족한 부리는 접시에 딱딱 부딪히기만 했거든. 반면 여우는 두루미를 놀리듯 "냠냠, 쩝쩝" 맛있게 다 먹었어. 자기를 놀리려고 일부러 식사에 초대했다는 걸 안 두루미는 화를 내며 집으로 돌아갔단다. 며칠 후 이번엔 두루미가 여우를 저녁 식사에 초대했어. 여우는 아주 좋아하며 집으로 갔지. 하지만 두루미가 준비한 음식은 길쭉한 호리병에 담겨 있어서 여우의 주둥이로는 도지히 먹을 수가 없었어. 여우는 두루미가 맛있게 먹는 모습을 침만 흘리며 바라봐야 했단다.

샘플파일 열기

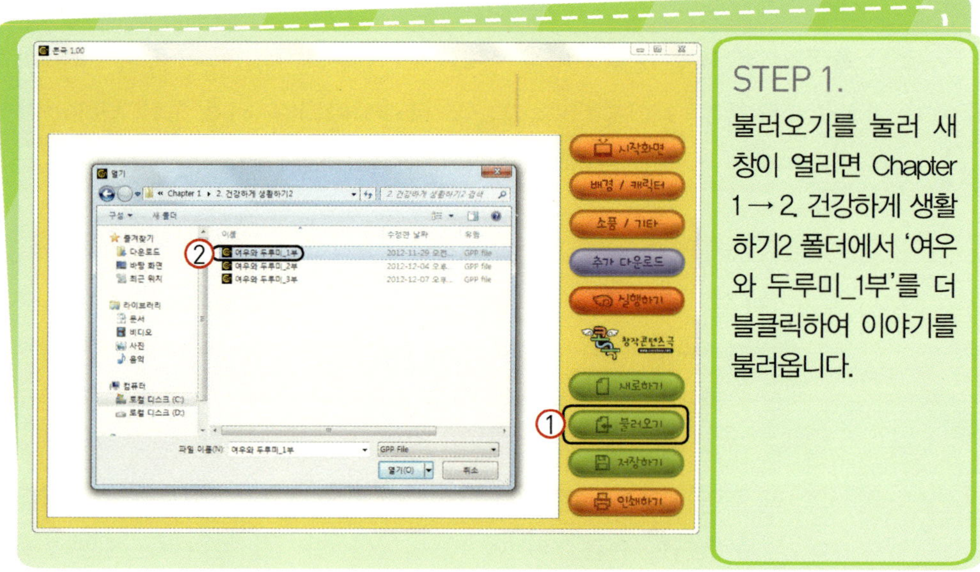

STEP 1.

불러오기를 눌러 새 창이 열리면 Chapter 1 → 2. 건강하게 생활하기2 폴더에서 '여우와 두루미_1부'를 더블클릭하여 이야기를 불러옵니다.

STEP 2.

저작도구 화면에 '여우와 두루미 1부'가 나타납니다.

수업사례 동영상자료
부록CD 〉 CD내용보기 〉 학습영상 〉 Chapter 1 〉 2.건강하게
생활하기2 〉 여우와 두루미 1부

2부 창작 이야기

5세 누리 과정
신체운동 · 건강 〉 건강하게 생활하기 〉 적당량의 음식을 골고루 먹는다.

2부 이야기에서 여우는 두루미가 정성껏 준비한 음식을 맛있게 먹다가 갑자기 배가 아파 데굴데굴 구르고 말았어요. 의사선생님의 진찰 결과 '변비' 라고 하네요. 채소를 먹지 않고 고기만 좋아하다 변비에 걸린 여우의 모습을 통해 편식하는 식습관이 몸을 아프게 할 수 있다는 사실을 깨닫고 올바른 식습관을 들일 수 있도록 지도합니다.

확장 활동: 우리 몸에 꼭 필요한 섬유질이 우리 몸에서 어떤 일을 하는지도 함께 알려주세요. 유아와 함께 섬유질이 많이 들어간 음식은 무엇이 있는지 이야기 해봅니다.
예) 당근, 상추, 오이, 토마토…

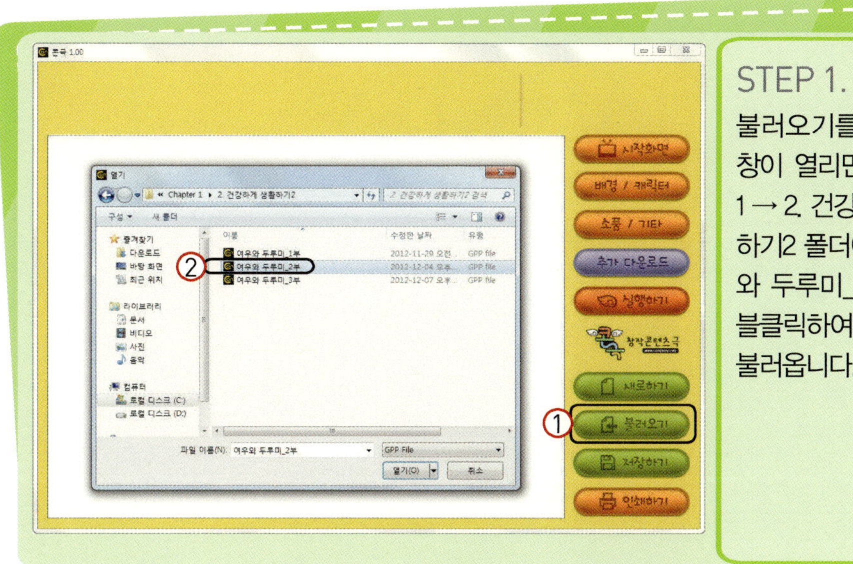

STEP 1.

불러오기를 눌러 새 창이 열리면 Chapter 1→2. 건강하게 생활하기2 폴더에서 '여우와 두루미_2부'를 더블클릭하여 이야기를 불러옵니다.

STEP 2.

저작도구 회면에 '여우와 두루미 2부'가 나타납니다.

수업사례 동영상자료
부록CD 〉 CD내용보기 〉 학습영상 〉 Chapter 1 〉 2.건강하게
생활하기2 〉 여우와 두루미 2부

3부 우리 이야기

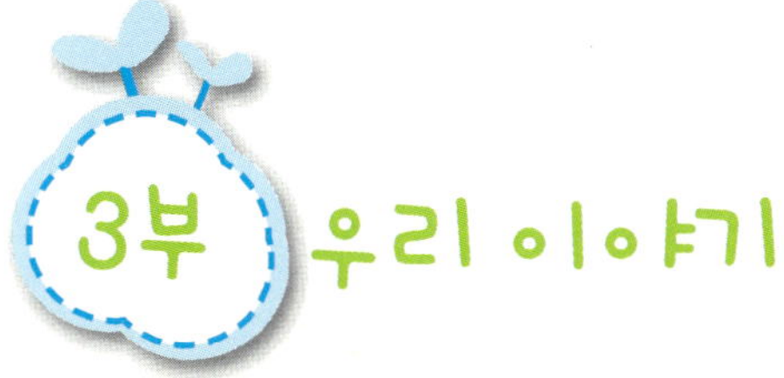

동요를 따라 부르며 2부에서 배운 올바른 식습관의 중요성을 복습하고 신체놀이와 손유희를 접목하여 표현 활동의 자신감을 높여줍니다.

-편식은 안 돼!
오물오물 내 입은
주는 대로 잘 먹지요.
미역, 멸치, 김. 뼈가 튼튼해져요.
오이, 당근, 시금치. 피부가 예뻐져요.

확장 활동: 유아가 싫어하는 음식을 넣어서 노래와 율동을 할 수 있습니다.
예) 연근, 멸치, 당근 몸이 튼튼해져요. 토마토, 피망, 오이 피부가 예뻐져요…

샘플파일 열기

STEP 1.

불러오기를 눌러 새 창이 열리면 Chapter 1 → 2. 건강하게 생활하기2 폴더에서 '여우와 두루미_3부'를 더블클릭하여 이야기를 불러옵니다.

STEP 2.

저작도구 화면에 '여우와 두루미 3부'가 나타납니다.

수업사례 동영상자료
부록CD 〉 CD내용보기 〉 학습영상 〉 Chapter 1 〉 2.건강하게
생활하기2 〉 여우와 두루미 3부

신체운동·건강

　　신체운동 영역은 다양한 신체 활동을 통하여 자신의 신체에 대해 긍정적으로 인식하고, 일상생활에 필요한 기본 운동 능력을 기르며, 신체 활동에 즐겁게 참여하도록 하기 위한 영역입니다.

3. 안전하게 생활하기-전래동화『해님과 달님이 된 오누이』

　　생활의 기본이 되는 건강, 청결에 관한 지식을 습득하고 올바른 생활 태도를 기르기 위한 단원입니다. 전래동화『해님과 달님이 된 오누이』의 창작 이야기, 손유희를 통해 위험한 상황을 예방하고 대처하는 방법을 배웁니다.

1부 원작 이야기

『해님과 달님이 된 오누이』는 엄마를 기다리는 오누이가 호랑이와 속고 속이는 지혜를 겨루며 마침내 호랑이를 피해 동아줄을 타고 하늘로 올라가 각각 해와 달이 되었다는 설화입니다. 이를 통해 위기에 대처하는 오누이의 지혜를 배웁니다.

옛날에 굽이굽이 산골에 외딴집이 있었어. 그 집엔 홀어머니와 우애 깊은 오누이가 살고 있었지. 하루는 어머니가 아랫마을 잔칫집에 일을 가게 되었단다. 어머니는 밤늦게 일을 끝내고 오누이 먹일 떡을 얻어와 고개를 하나 넘고 있었어. 바로 그때, 호랑이 한 마리가 어머니 앞을 가로막았지. 떡 하나 주면 안 잡아먹겠다면서 떡을 하나 **뺏**어 먹었어. 호랑이는 어머니가 한 고개 넘을 때마다 떡을 야금야금 **뺏**어 먹더니 결국 떡을 다 먹고는 어머니까지 잡아먹고 말았어. 호랑이는 어머니의 옷을 입고 오누이가 있는 집으로 가서 어머니 흉내를 냈지. 오누이는 어머니가 아니라 호랑이인 것을 알아채고 뒷마당 나무 위로 도망쳤어. 호랑이는 뒤를 이어 오누이를 발견하고는 나무 위로 올라가려 애를 썼어. 오누이는 너무 무서워 하늘을 향해 동아줄을 내려달라고 기도를 했지. 그런데 정말로 하늘에서 동아줄이 내려왔고 오누이는 무사히 하늘로 올라갔어. 호랑이도 그것을 보고 똑같이 기도를 했더니 동아줄이 내려왔지. 호랑이는 서둘러 동아줄을 잡았지만 그건 썩은 동아줄이었어. 결국 호랑이는 수수밭으로 떨어져 죽게 되었고 하늘로 올라간 오누이는 각각 해와 달이 되었단다.

샘플파일 열기

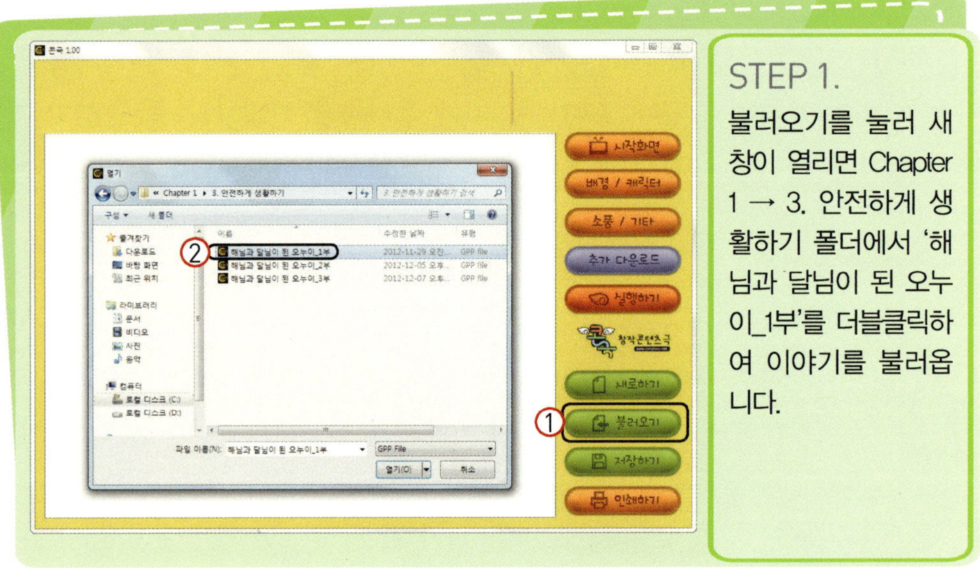

STEP 1.

불러오기를 눌러 새 창이 열리면 Chapter 1 → 3. 안전하게 생활하기 폴더에서 '해님과 달님이 된 오누이_1부'를 더블클릭하여 이야기를 불러옵니다.

STEP 2.

저작도구 화면에 '해님과 달님이 된 오누이 1부'가 나타납니다.

수업사례 동영상자료
부록CD 〉 CD내용보기 〉 학습영상 〉 Chapter 1 〉 3.안전하게
생활하기 〉 해님과 달님이 된 오누이 1부

2부 창작 이야기

5세 누리 과정
신체운동 · 건강 〉 안전하게 생활하기 〉 비상시 적절히 대처하기

2부 이야기에서는 '어머니가 호랑이에게 잡아먹히지 않고 무사히 집으로 돌아갔다면?'이라는 가정하에 『방귀쟁이 며느리』이야기와 합쳐져 새로운 이야기가 진행됩니다. 2부 이야기를 통해 낯선 이를 경계하고 위험에 대처하는 방법을 배워봅니다.

확장 활동: 『방귀쟁이 며느리』 이야기를 먼저 들려주고 2부이야기를 진행하면 좋습니다. 유아와 함께 위험한 일을 당했을 때 우리가 어떻게 해야 할지 이야기 해봅니다.
예) 도와달라고 소리 지른다, 도망간다, 밤늦게 혼자서 다니지 않는다…

샘플파일 열기

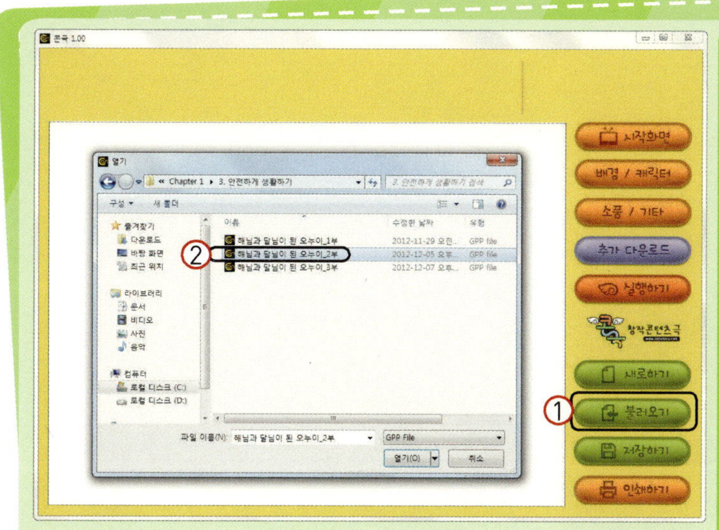

STEP 1.

불러오기를 눌러 새 창이 열리면 Chapter 1 → 3. 안전하게 생활하기 폴더에서 '해님과 달님이 된 오누이_2부'를 더블클릭하여 이야기를 불러 옵니다.

STEP 2.

저작도구 회면에 '해님과 달님이 된 오누이 2부'가 나타납니다.

실행화연

수업사례 동영상자료
부록CD 〉 CD내용보기 〉 학습영상 〉 Chapter 1 〉 3.안전하게
생활하기 〉 해님과 달님이 된 오누이 2부

큰 소리내기 훈련을 통해 위급한 순간에 큰 소리로 도움을 요청할 수 있도록 여러 가지 음 높이로 소리 내봅니다. 이를 통해 자신의 목소리에 귀 기울이고 다양하게 표현함으로써 자신감을 갖게 합니다.

-큰 소리 나와라

입속에는 소리가 살고 있어요. 소리가 입 밖으로 나오고 싶대요.

선생님이 소리를 불러낼 거예요.

큰 소리 나와라 야야 야야야(크게)

작은 소리 나와라 야야 야야야(작게)

높은 소리 나와라 야야 야야야(높은 음)

낮은 소리 나와라 야야 야야야(낮은 음)

화난 소리 나와라 야야 야야야(인상 쓰며)

예쁜 소리 나와라 야야 야야야(웃으며)

확장 활동: 동물울음소리나 다른 소리들로 바꿔서 노래와 율동을 할 수 있습니다.

예) 돼지소리 나와라 꿀꿀 꿀꿀꿀 호랑이소리 나와라 어흥 어흥어흥…

샘플파일 열기

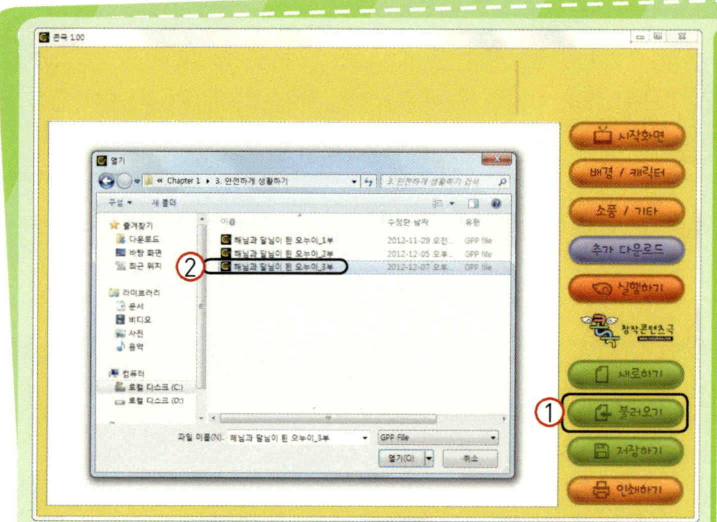

STEP 1.

불러오기를 눌러 새 창이 열리면 Chapter 1 → 3. 안전하게 생활하기 폴더에서 '해님과 달님이 된 오누이_3부'를 더블클릭하여 이야기를 불러 옵니다.

STEP 2.

저작도구 화면에 '해님과 달님이 된 오누이 3부'가 나타납니다.

수업사례 동영상자료

부록CD 〉 CD내용보기 〉 학습영상 〉 Chapter 1 〉 3.안전하게
생활하기 〉 해님과 달님이 된 오누이 3부

의사소통 · 예술경험

　　의사소통 영역은 사회적 관계를 살아가는 유아에게 기본과 기초가 되는 영역입니다. 예술경험 영역은 다양한 예술적 요소들의 다양한 경험과 창의적인 표현을 위한 영역이지요. 이를 위해 친숙한 주제와 디지털 매체 등과 같은 자료를 보여주며 흥미를 유발하는 것이 필요합니다.

1. 읽기─전래동화 『호랑이와 곶감』

　　글과 글자에 친숙해지는 경험을 통해 글자를 인식하고 읽기에 흥미를 가지기 위한 단원입니다. 전래동화 『호랑이와 곶감』의 창작 이야기, 손유희 등을 통해 유아가 일상생활에서 언어사용을 즐기고 책 읽기의 즐거움을 익히도록 유도해줍니다.

『호랑이와 곶감』은 어리석은 호랑이가 우는 아이를 뚝 그치게 하는 곶감을 자신보다 무서운 존재라고 착각하여 도망치는 내용을 그린 재미있는 설화입니다. 이를 통해 힘센 강자가 어리석음으로 인해 패하고 만다는 것을 우회적으로 배우게 됩니다.

옛날 옛날에 마을을 어슬렁거리던 호랑이가 큰 소리로 앙앙 우는 아기의 집 앞을 지나게 되었단다. 호랑이는 그 집에서 할머니가 계속 울면 호랑이에게 갖다 주겠다는 말을 듣게 되었지. 하지만 아기가 아무리 울어대도 할머니는 아기를 자신에게 주지 않자 버럭 화를 내며 집 안으로 들어가려고 했어. 그런데 그때, 할머니가 곶감 이야기를 했더니 아기가 울음을 뚝 그쳤지 뭐야. 그 소리를 들은 호랑이는 깜짝 놀라고 말았어. 곶감이 얼마나 무섭기에 이야기를 듣자마자 울음을 뚝 그치나 하고 말이야. 호랑이는 무시무시한 괴물을 상상하며 외양간으로 도망을 쳤단다. 그런데 거기서 소를 훔치러 온 소도둑이 호랑이를 황소로 착각하고 호랑이 등에 올라타게 되었어. 호랑이는 자신의 등에 올라탄 소도둑을 곶감으로 착각하고 헐레벌떡 산 속으로 도망쳤단다. 우여곡절 끝에 소도둑이 호랑이 등에서 떨어졌고 호랑이는 안도하며 멀리 도망쳤단다. 소도둑 역시 자신이 나쁜 짓을 많이 해서 벌을 내리신 것이라 생각하고 반성하며 착하게 살겠다고 다짐했단다.

샘플파일 열기

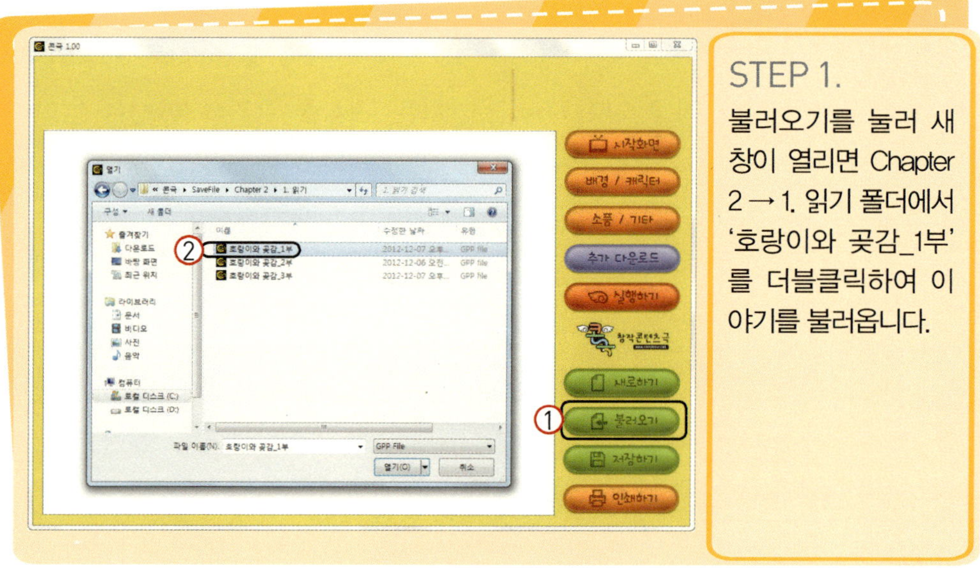

STEP 1.

불러오기를 눌러 새 창이 열리면 Chapter 2 → 1. 읽기 폴더에서 '호랑이와 곶감_1부'를 더블클릭하여 이야기를 불러옵니다.

STEP 2.

저작도구 화면에 '호랑이와 곶감 1부'가 나타납니다.

실행화면

수업사례 동영상자료
부록CD 〉 CD내용보기 〉 학습영상 〉 Chapter 2 〉 1. 읽기 〉
호랑이와 곶감 1부

2부 창작 이야기

5세 누리 과정
의사소통 〉 읽기 〉 책 읽기에 관심 가지기

호랑이는 왜 곶감이 무서워 도망쳤을까요? 곶감이라는 것을 처음 들어본 호랑이는 아이의 반응을 듣고 무서운 괴물을 생각하여 도망치게 되었어요. 2부 이야기에서는 호랑이가 식물도감을 통해 곶감이 무엇인지 알게 되는 내용을 다루고 있습니다. 이를 통해 책은 우리에게 즐거움을 줄 뿐만 아니라 다양한 정보를 제공한다는 것을 배우게 됩니다.

확장 활동: 아이들과 함께 식물도감을 보거나 식물도감이 없을 경우, 곶감이 만들어지는 과정을 이야기 해봅니다.

예) 감을 따서 껍질을 벗기고 감꼭지 부분에 실을 엮어서 감을 매달아 햇빛이 잘 비추고 환기가 잘되는 곳에서 말려주면 곶감이 됩니다…

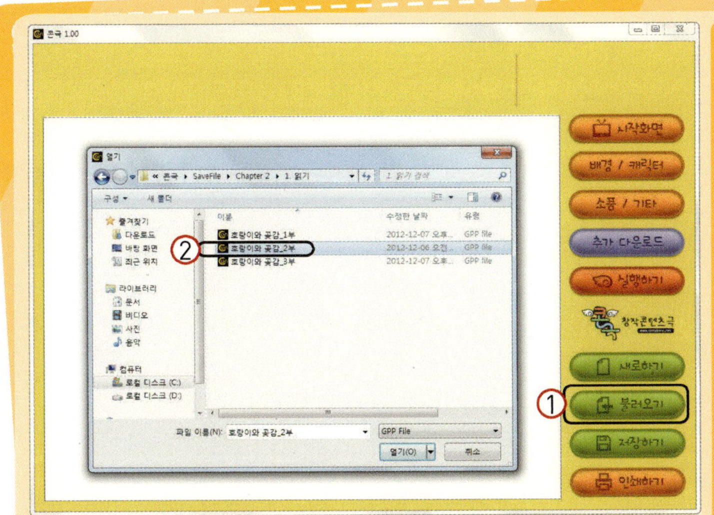

STEP 1.

불러오기를 눌러 새 창이 열리면 Chapter 2 → 1. 읽기 폴더에서 '호랑이와 곶감_2부'를 더블클릭하여 이야기를 불러옵니다.

STEP 2.

저작도구 화면에 '호랑이와 곶감 2부'가 나타납니다.

실행화면

수업사례 동영상자료
부록CD 〉 CD내용보기 〉 학습영상 〉 Chapter 2 〉 1. 읽기 〉
호랑이와 곶감 2부

3부 우리 이야기

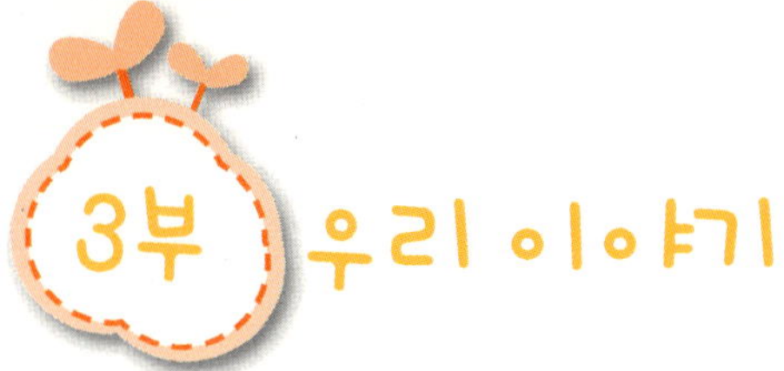

힘센 호랑이와 약한 강아지를 번갈아 흉내 내는 신체 활동을 통해 정서적 발달을 촉진시키며 다양한 동작의 묘사능력을 기릅니다.

-호랑이 강아지 박수

어흥어흥 짝짝 깨갱 깨갱 짝짝

어흥 짝 깨갱 짝

어흥 깨갱 짝짝

확장 활동: 고양이와 쥐같은 다른 동물을 넣어서 노래와 율동을 할 수 있습니다.

예) 야옹야옹 짝짝 찍찍찍찍 짝짝 야옹 짝 찍찍 짝 야옹찍찍 짝짝…

샘플파일 열기

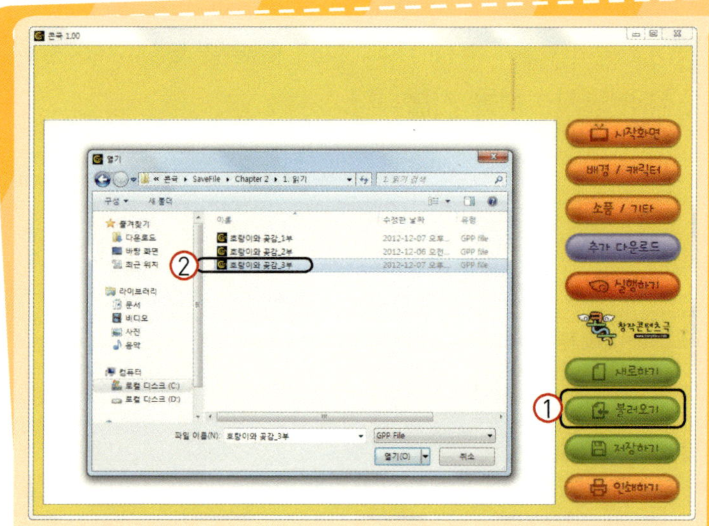

STEP 1.

불러오기를 눌러 새 창이 열리면 Chapter 2 → 1. 읽기 폴더에서 '호랑이와 곶감_3부'를 더블클릭하여 이야기를 불러옵니다.

STEP 2.

저작도구 화면에 '호랑이와 곶감 3부'가 나타납니다.

실행화면

수업사례 동영상자료
부록CD 〉 CD내용보기 〉 학습영상 〉 Chapter 2 〉 1. 읽기 〉
호랑이와 곶감 3부

의사소통·예술경험

의사소통 영역은 사회적 관계를 살아가는 유아에게 기본과 기초가 되는 영역입니다. 예술경험 영역은 다양한 예술적 요소들의 다양한 경험과 창의적인 표현을 위한 영역이지요. 이를 위해 친숙한 주제와 디지털 매체 등과 같은 자료를 보여주며 흥미를 유발하는 것이 필요합니다.

2. 쓰기–전래동화 『의좋은 형제』

말과 글의 관계를 이해하고 자신의 생각과 느낌을 단어와 문장으로 표현하는 방법을 배우는 단원입니다. 전래동화 『의좋은 형제』의 창작 이야기, 손유희 등을 통해 유아의 글쓰기를 격려해주고 다양한 쓰기도구를 통하여 흥미를 가지게 합니다.

『의좋은 형제』는 우애 좋은 형제가 서로를 위하는 마음에 서로가 한밤중에 서로의 곳간으로 가마니를 옮기는 과정을 그리는 이야기입니다. 이를 통해 배려와 가족 간, 형제간의 사랑을 배울 수 있습니다.

옛날 어느 마을에 우애 좋기로 소문난 형제가 살고 있었어. 형제는 서로를 도와 남들보다 열심히 일했고 그해 가을, 마을에서 제일 많은 곡식을 수확하게 되었지. 형제는 수확한 가마니를 똑같이 반으로 나눠 가졌단다. 그날 밤, 형님은 곰곰이 생각해보았어. 아우는 새로 살림을 시작해야 할 테니 자신보다 가마니가 더 많이 필요할 것 같다고 말이야. 형님은 자기 집 곳간에서 가마니 하나를 들고 아우네 곳간에 몰래 놓고 돌아왔단다. 한편, 아우도 형님과 같은 생각을 하고 있었어. 아우 역시 자신의 가마니를 들고 몰래 형님네 곳간에 놓고 돌아왔단다. 다음 날이 되어 곳간을 확인하던 형제는 깜짝 놀라고 말았어. 분명 가마니 하나가 비어 있어야 하는데 그대로인 거야. 형제는 그날 밤도 다음 날 밤에도 가마니를 서로의 곳간에 놓고 갔지만 그대로였지. 이느 날, 여느 때와 같이 가마니를 지고 시로의 집을 향해 걸어가던 형제는 딱 마주치게 되었고 여태까지 가마니가 그대로였던 이유를 알게 되면서 더욱 아끼고 사랑하게 되었단다.

샘플파일 열기

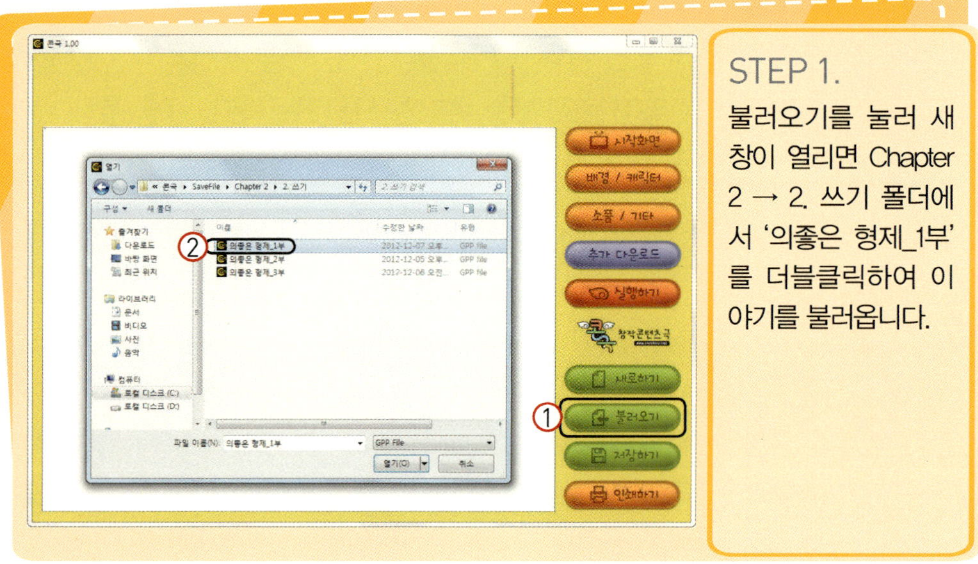

STEP 1.

불러오기를 눌러 새 창이 열리면 Chapter 2 → 2. 쓰기 폴더에서 '의좋은 형제_1부'를 더블클릭하여 이야기를 불러옵니다.

STEP 2.

저작도구 화면에 '의좋은 형제 1부'가 나타납니다.

수업사례 동영상자료

부록CD 〉 CD내용보기 〉 학습영상 〉 Chapter 2 〉 2.쓰기 〉
의좋은 형제 1부

2부 창작 이야기

5세 누리 과정
의사소통 〉 쓰기 〉 느낌, 생각, 경험 말하기

아우가 형님께 감사와 사랑의 마음을 표현하고 싶어 해요. 2부 이야기에서는 아우가 형님에게 감사의 편지를 써서 자신의 마음을 표현합니다. 2부 이야기를 통해 글과 그림이 자신의 생각과 느낌을 나타내는 표현의 한 방법임을 배우고 관심을 가져 자연스럽게 쓰기의 즐거움을 경험합니다.

확장 활동: 2부 활동 후, 부모님께 하고 싶은 말을 편지에 써보도록 합니다.
예) 부모님이나 친구들에게 편지쓰기를 해봅니다.

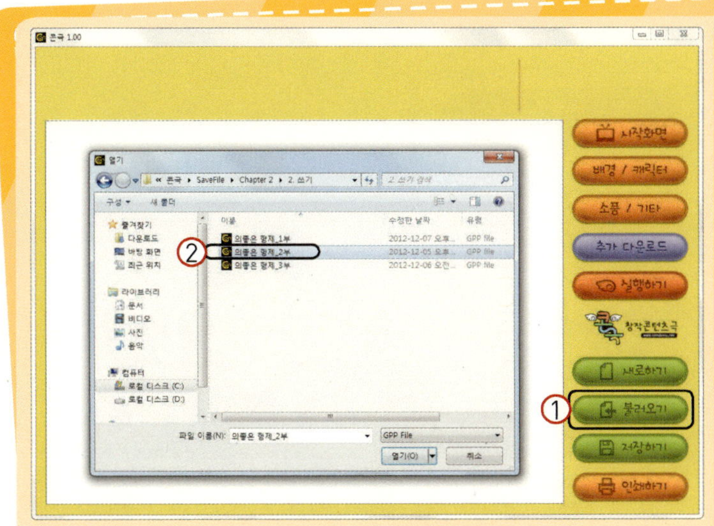

STEP 1.

불러오기를 눌러 새 창이 열리면 Chapter 2 → 2. 쓰기 폴더에서 '의좋은 형제_2부'를 더블클릭하여 이야기를 불러옵니다.

STEP 2.

저작도구 화면에 '의좋은 형제 2부'가 나타납니다.

실행화면

수업사례 동영상자료
부록CD 〉 CD내용보기 〉 학습영상 〉 Chapter 2 〉 2. 쓰기 〉
의좋은 형제 2부

3부 우리 이야기

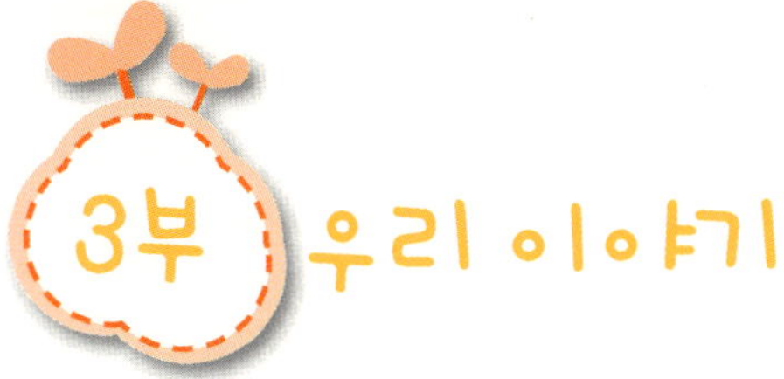

양옆 친구의 등을 안마하며 자연스럽게 친밀감을 형성해주고 나아가 서로 아끼는 마음을 가질 수 있도록 도와줍니다.

-옆에 옆에 옆에
옆에 옆에 옆에 옆으로
옆에 옆에 옆으로
위로 아래로 위로 아래로
위로 아래로 위로 아래로

확장 활동: 유아들이 다치지 않도록 적당한 간격을 둡니다. 집에 계신 부모님께 안마해 드리기로 약속하고 활동을 마무리합니다.

샘플파일 열기

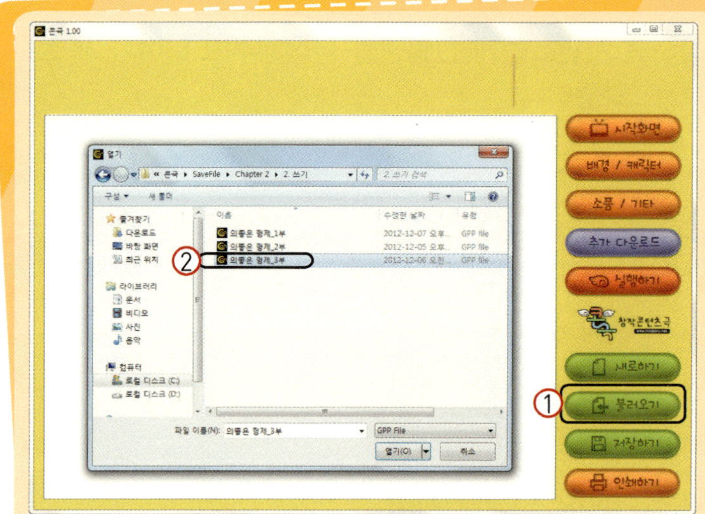

STEP 1.

불러오기를 눌러 새 창이 열리면 Chapter 2 → 2. 쓰기 폴더에서 '의좋은 형제_3부'를 더블클릭하여 이야기를 불러옵니다.

STEP 2.

저작도구 화면에 '의좋은 형제 3부'가 나타납니다.

수업사례 동영상자료
부록CD 〉 CD내용보기 〉 학습영상 〉 Chapter 2 〉 2. 쓰기 〉
의좋은 형제 3부

의사소통 · 예술경험

　　의사소통 영역은 사회적 관계를 살아가는 유아에게 기본과 기초가 되는 영역입니다. 예술경험 영역은 다양한 예술적 요소들의 다양한 경험과 창의적인 표현을 위한 영역이지요. 이를 위해 친숙한 주제와 디지털 매체 등과 같은 자료를 보여주며 흥미를 유발하는 것이 필요합니다.

3. 아름다움 찾아보기─전래동화 『개와 고양이』

　　자연과 사물에서 색과 질감, 모양 등을 탐색하고 주변의 다양한 사물을 적극적으로 활용하는 단원입니다. 전래동화 『개와 고양이』의 창작 이야기, 손유희를 통해 여러 가지 재료와 도구를 보다 자유롭게 탐색하며 아이디어를 표현하기 위해 어떤 도구가 필요한지 스스로 알고 선택하게 합니다.

『개와 고양이』는 욕심쟁이 방물장수에게 빼앗긴 노부부의 구슬을 개와 고양이가 힘을 합쳐 찾아오는 내용입니다. 이를 통해 마음을 하나로 합쳐 한마음 한뜻으로 실행해야 한다는 교훈을 배웁니다.

　어느 마을에 가난하지만 맘씨 좋은 노부부가 살고 있었어. 그 부부는 강아지와 고양이를 키우고 있었단다. 어느 날 할아버지는 강가에서 낚시를 하던 중 커다란 황금잉어를 살려준 보답으로 용왕의 아들에게 푸른 구슬을 선물 받았어. 그 구슬은 말만 하면 무엇이든 들어주는 요술구슬이었지. 그 구슬로 노부부는 부자가 되었단다. 그런데 이 소식을 들은 강 건너 욕심쟁이 방물장수가 찾아와 노부부의 구슬을 바꿔치기해 갔어. 결국 노부부는 다시 원래대로 가난해지고 말았단다. 이 모습을 지켜본 강아지와 고양이는 강을 건너 방물장수의 집으로 가서 푸른 구슬을 되찾을 수 있었어. 돌아오는 길에 고양이는 구슬을 입에 물고 강아지의 등에 올라타 강을 건너고 있었는데 강아지가 고양이에게 구슬을 잘 갖고 있는지 계속 물어보았지. 대답을 못하던 고양이는 말을 하려다 그만 구슬을 강물에 떨어뜨리고 말았단다. 화가 난 강아지는 그대로 집으로 가버렸지만 고양이는 아쉬운 마음에 계속 강가를 서성거렸어. 고양이는 배가 고파 낚시꾼이 던져준 물고기를 먹으려고 봤더니 그 물고기 안에 푸른 구슬이 들어있었단다. 고양이는 서둘러 노부부에게 구슬을 드렸고 그 후로 고양이는 집 안에서 지내게 되었대.

STEP 1.

불러오기를 눌러 새 창이 열리면 Chapter 2 → 3. 아름다움 찾아보기 폴더에서 '개와 고양이_1부'를 더블클릭하여 이야기를 불러옵니다.

STEP 2.

저작도구 화면에 '개와 고양이 1부'가 나타납니다.

수업사례 동영상자료
부록CD 〉 CD내용보기 〉 학습영상 〉 Chapter 2 〉 3.아름다움
찾아보기 〉 개와 고양이 1부

2부 창작 이야기

5세 누리 과정

예술 경험 〉 아름다움 찾아보기 〉 미술적 요소 탐색하기

강아지는 고양이에게 그렇게 화를 내고 혼자 집으로 돌아가서 무척 미안해했을 거예요. 2부 창작 이야기에서는 부엌에서 쉽게 찾을 수 있는 재료들로 멋진 미술작품을 만들어 고양이에게 화해의 선물을 주는 강아지의 이야기를 담고 있어요. 이를 통해 주변의 다양한 사물을 적극적으로 탐색하고 아이디어 표현을 위해 어떤 도구가 필요한지 스스로 선택하는 법을 익힙니다.

확장 활동: 2부 활동한 후, 여러 가지 재료를 준비하여 얼굴 꾸미기를 할 수 있습니다. 재료를 준비할 수 없을 경우 얼굴 그리기를 할 수 있습니다.

예) 식빵으로 얼굴을 만들고 콩, 햄을 이용하여 눈을 만들고 케찹으로 입을 만듭니다.

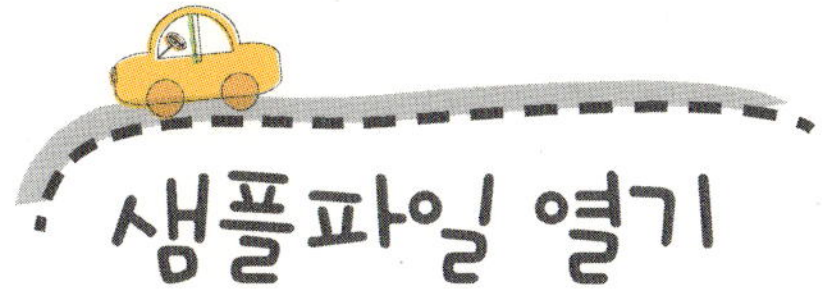

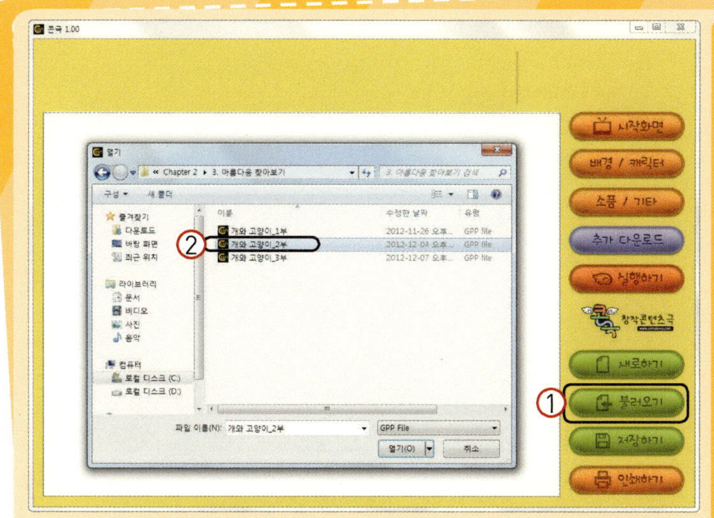

STEP 1.

불러오기를 눌러 새 창이 열리면 Chapter 2 → 3. 아름다움 찾아보기 폴더에서 '개와 고양이_2부'를 더블클릭하여 이야기를 불러옵니다.

STEP 2.

저작도구 화면에 '개와 고양이 2부'가 나타납니다.

실행화면

수업사례 동영상자료
부록CD 〉 CD내용보기 〉 학습영상 〉 Chapter 2 〉 3.아름다움
찾아보기 〉 개와 고양이 2부

3부 우리 이야기

박수 하나로 다양한 소리를 낼 수 있는 것을 익히며 내 몸에서 나는 다양한 소리에 관심을 가지게 합니다. 이를 통해 몸을 움직여 다양한 소리를 만들어보고 흉내 내어 볼 수 있습니다.

－건강박수 4가지

합장 박수 는 짝짝 짝짝짝 짝짝 짝짝짝

손끝 박수 톡톡 톡톡톡 톡톡 톡톡톡

주먹 박수 는 통통 통통통 통통 통통통

손목 박수 는 툭툭 툭툭툭 툭툭 툭툭툭

확장 활동: 유아와 함께 다른 박수도 생각해 봅니다(손가락 박수, 손등 박수 등). 우리 몸으로 낼 수 있는 소리는 어떤 것이 있을지 이야기하고 소리를 내봅니다.

예) 손가락 박수, 손등 박수, 무릎 박수…

샘플파일 열기

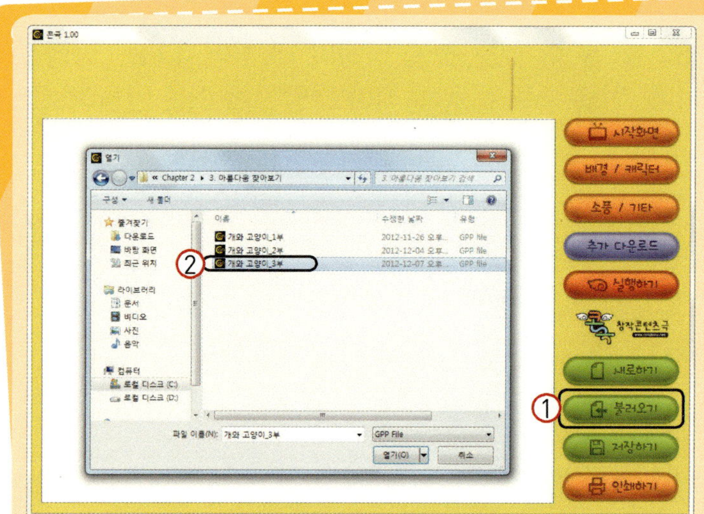

STEP 1.

불러오기를 눌러 새 창이 열리면 Chapter 2 → 3. 아름다움 찾아보기 폴더에서 '개와 고양이_3부'를 더블클릭하여 이야기를 불러옵니다.

STEP 2.

저작도구 화면에 '개와 고양이 3부'가 나타납니다.

수업사례 동영상자료
부록CD 〉 CD내용보기 〉 학습영상 〉 Chapter 2 〉 3.아름다움
찾아보기 〉 개와 고양이 3부

CHAPTER 3

사회관계

사회관계

사회관계 영역은 자신을 알고 소중하게 생각하며 공동체에서 살아가는 방법을 익히는 능력과 인성을 기르기 위한 영역입니다. 다양한 놀이를 통해 유아가 적극적으로 활동에 참여하고 경험을 하여 사회적 관계, 기능을 형성하는 것이 필요합니다.

1. 나를 알고 존중하기–이솝우화 『멋을 부린 까마귀』

긍정적인 자아존중감은 자신을 소중히 여기는 마음에서부터 출발합니다. 이솝우화 『멋을 부린 까마귀』의 창작 이야기, 손유희를 통해 자신이 소중한 이유에 관해 생각해보는 경험을 가지도록 합니다.

1부 원작 이야기

『멋을 부린 까마귀』는 자신의 검은색 깃털을 사랑하지 않고 늘 위축되어 있던 까마귀가 다른 새들의 깃털을 붙이고 예쁜 새 경연대회에 나타나지만 새들에게 망신을 당하게 되는 이야기입니다. 이 이야기를 통해 자신을 사랑하고 긍정적으로 생각해야 한다는 교훈을 배웁니다.

어느 깊은 숲 속에 예쁜 새들이 모여 살고 있었어. 그 숲에는 가장 아름다운 새 경연대회가 열릴 예정이었는데 모두 자신이 1등을 할 것이라고 한껏 들떠 있었지. 하지만 까마귀는 검은색 깃털을 갖고 있는 자신이 싫었고 볼품없는 검은 깃털 때문에 1등을 하지 못할 거라고 슬퍼했어. 그러다 샘물에서 다른 새들이 떨어뜨린 알록달록한 깃털을 보고는 좋은 생각이 떠올랐단다. 드디어 아름다운 새 경연대회의 날이 밝았어. 모두 모여 누가 가장 아름다울지 기대하고 있던 그때 까마귀가 화려한 깃털을 자랑하며 등장했지. 새들은 처음에 까마귀를 몰라보고 깃털이 정말 아름답다고 칭찬을 했는데 자세히 보니 모두 자신들의 깃털이었던 거야. 새들은 까마귀에게 달려들어 자신들의 깃털을 모두 뽑아가고 말았어. 까마귀는 자신의 잔꾀가 부끄러워 고개를 숙이고 말았단다.

샘플파일 열기

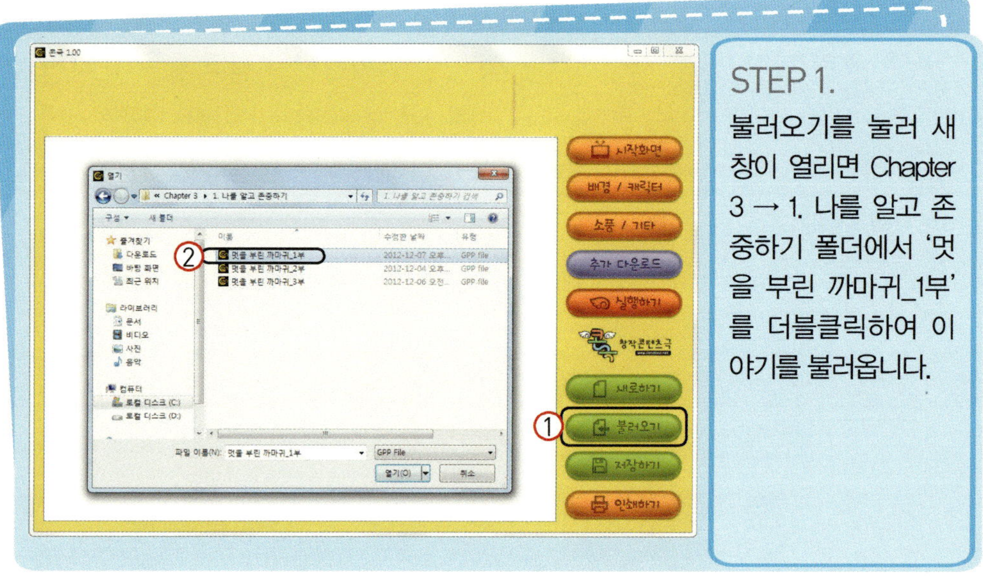

STEP 1.

불러오기를 눌러 새 창이 열리면 Chapter 3 → 1. 나를 알고 존중하기 폴더에서 '멋을 부린 까마귀_1부'를 더블클릭하여 이야기를 불러옵니다.

STEP 2.

저작도구 화면에 '멋을 부린 까마귀 1부'가 나타납니다.

수업사례 동영상자료
부록CD 〉 CD내용보기 〉 학습영상 〉 Chapter 3 〉 1.나를 알고
존중하기 〉 멋을 부린 까마귀 1부

2부 창작 이야기

5세 누리 과정

사회관계 〉 나를 알고 존중하기 〉 나를 소중히 여기기

2부 이야기에서는 까마귀가 자신의 있는 그대로를 사랑하게 되면서 친구들의 응원을 받아 경연대회에서 1등을 하게 됩니다. 긍정적인 자아개념을 바탕으로 자존감이 높아질 때 유아는 행복을 느끼게 되지요. 그러기 위해선 다양한 놀이와 칭찬을 바탕으로 유아 스스로 시도하고 수행하는 경험이 필요합니다.

확장 활동: 유아와 함께 나의 장점(좋은 점)을 말해봅니다.
예) 노래를 잘해요, 인사를 잘해요, 잘 웃어요…

샘플파일 열기

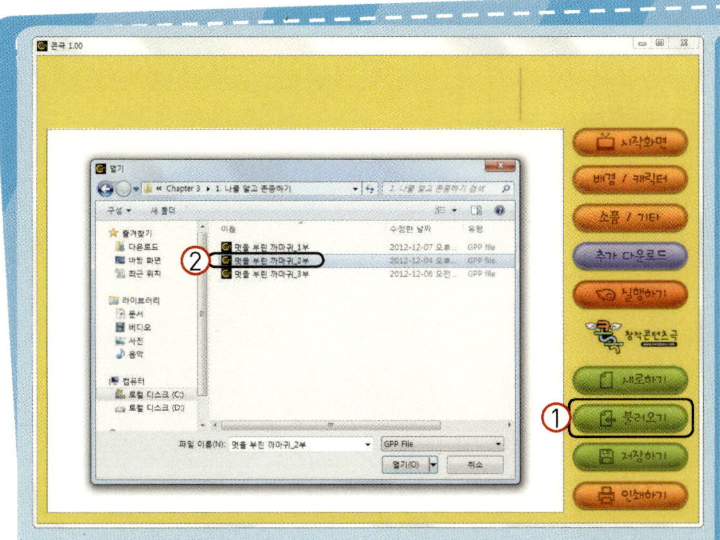

STEP 1.

불러오기를 눌러 새 창이 열리면 Chapter 3 → 1. 나를 알고 존중하기 폴더에서 '멋을 부린 까마귀_2부'를 더블클릭하여 이야기를 불러옵니다.

STEP 2.

저작도구 화면에 '멋을 부린 까마귀 2부'가 나타납니다.

실행화면

수업사례 동영상자료
부록CD 〉 CD내용보기 〉 학습영상 〉 Chapter 3 〉 1.나를 알고
존중하기 〉 멋을 부린 까마귀 2부

우리 이야기

동요를 따라 부르고 자신을 사랑하는 마음을 손유희를 통해 표현해보며 나에 대해 긍정적으로 생각하고 소중히 여기는 마음을 가지게 합니다.

-친구야

친구야 나는 나를 사랑해

친구야 나는 나를 사랑해

사랑해 사랑해 사랑해 사랑해

나는 나를 사랑해

확장 활동: '친구야' 부분에 각자 자신의 이름을 넣어 불러 봅니다.
예) ○○○ 나는 나를 사랑해…

샘플파일 열기

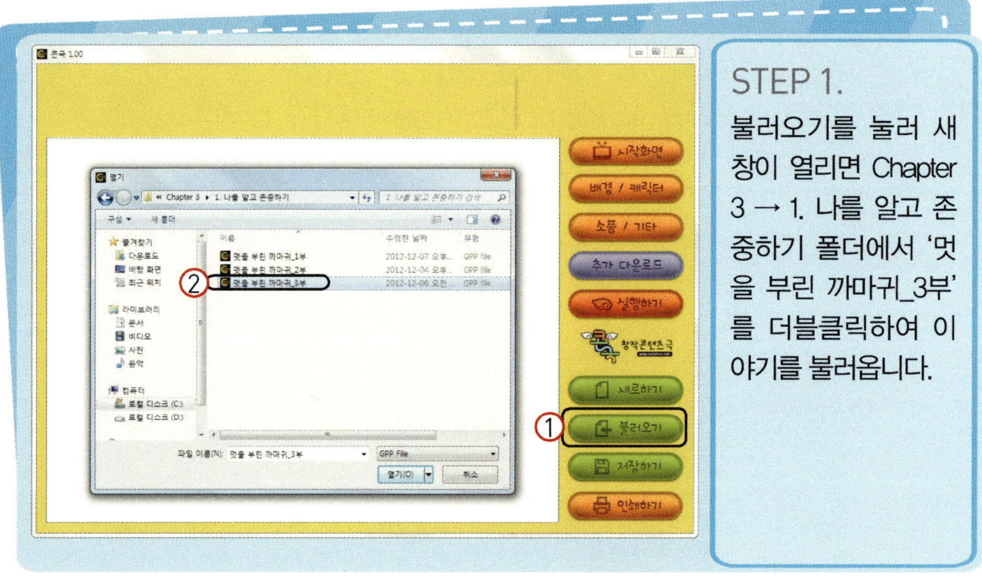

STEP 1.

불러오기를 눌러 새 창이 열리면 Chapter 3 → 1. 나를 알고 존중하기 폴더에서 '멋을 부린 까마귀_3부'를 더블클릭하여 이야기를 불러옵니다.

STEP 2.

저작도구 화면에 '멋을 부린 까마귀 3부'가 나타납니다.

수업사례 동영상자료
부록CD 〉 CD내용보기 〉 학습영상 〉 Chapter 3 〉 1.나를 알고
존중하기 〉 멋을 부린 까마귀 3부

사회관계 영역은 자신을 알고 소중하게 생각하며 공동체에서 살아가는 방법을 익히는 능력과 인성을 기르기 위한 영역입니다. 다양한 놀이를 통해 유아가 적극적으로 활동에 참여하고 경험을 하여 사회적 관계, 기능을 형성하는 것이 필요합니다.

2. 사회에 관심 갖기–전래동화 『흥부와 놀부』

우리가 살고 있는 사회에 대하여 관심을 가지고 사회생활에 필요한 사회적 지식을 배우는 단원입니다. 전래동화 『흥부와 놀부』의 창작 이야기와 율동을 통해 자신을 둘러싼 지역사회와 경제 문화에 대해 관심을 가지게 합니다.

착한 흥부는 복을 받고 욕심쟁이 놀부는 벌을 받는 내용의 고전소설 『흥부전』을 바탕으로 한 전래동화 『흥부와 놀부』를 통해 착하게 살고 나쁜 마음을 먹지 말아야 한다는 교훈을 배웁니다.

옛날 어느 마을에 착한 흥부와 욕심쟁이 놀부 형제가 살고 있었어. 형 놀부는 부모님의 유산을 모두 차지하고 흥부와 그의 가족들을 모두 내쫓았지. 어느 봄날, 흥부네 처마 밑에 둥지를 틀고 살던 제비 한 마리가 다리를 다쳐 마당에 쓰러져 있었어. 흥부는 제비의 다리를 정성껏 치료해주었고 제비는 가을이 되자 남쪽 나라로 떠났단다. 다음 해 봄이 되자 그 제비는 커다란 박씨를 물고 흥부네로 돌아왔어. 흥부는 제비가 준 씨를 땅에 심고 정성껏 길렀단다. 가을이 되자 박들이 지붕 위에 커다랗게 주렁주렁 열렸어. 박을 갈라보니 그 안에서 금은보화와 쌀가마니, 으리으리한 기와집과 하인들이 나왔단다. 이 소식을 들은 놀부는 흥부에게 방법을 알아내고 집으로 돌아와 제비를 잡아 일부러 다리를 부러뜨리고는 더러운 헝겊으로 대충 묶어주었어. 다음 해 봄에 제비는 놀부에게도 박씨를 물어다주었지. 놀부는 박씨를 심었고 그해 가을에 박을 갈라보았는데 안에서 무시무시한 도깨비들이 나타나 놀부의 집을 모두 부수며 놀부를 혼쭐내주었어. 흥부는 그 소식을 듣고 놀부네를 데리고 갔단다. 놀부네는 진심으로 잘못을 뉘우쳤고 그 후 흥부와 놀부는 오순도순 행복하게 살았대.

샘플파일 열기

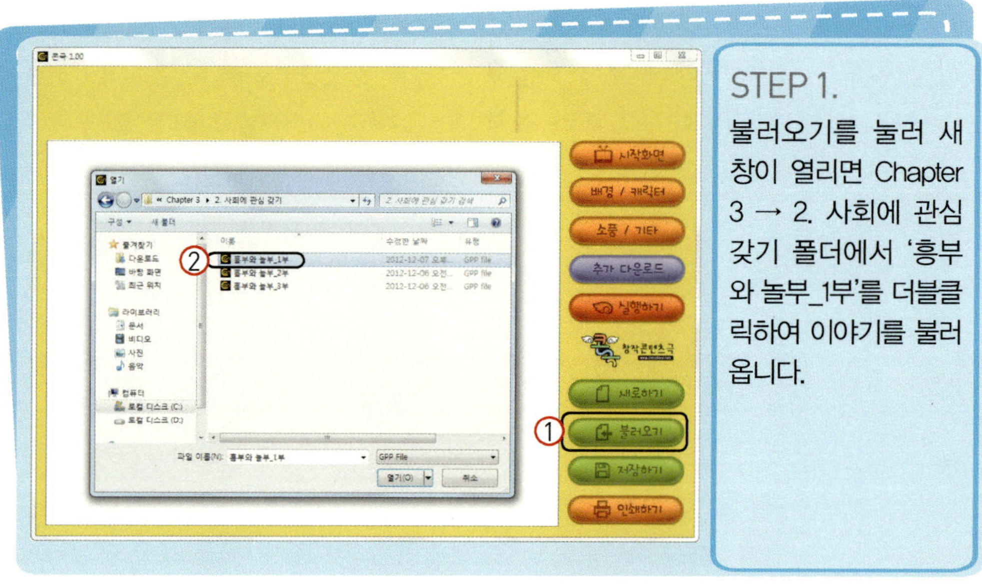

STEP 1.
불러오기를 눌러 새 창이 열리면 Chapter 3 → 2. 사회에 관심 갖기 폴더에서 '흥부와 놀부_1부'를 더블클릭하여 이야기를 불러옵니다.

STEP 2.
저작도구 화면에 '흥부와 놀부 1부'가 나타납니다.

실행화면

수업사례 동영상자료
부록CD 〉 CD내용보기 〉 학습영상 〉 Chapter 3 〉 2.사회에 관심 갖기 〉 흥부와 놀부 1부

2부 창작 이야기

5세 누리 과정
사회관계 〉 사회에 관심 갖기 〉 지역사회에 관심 갖고 이해하기

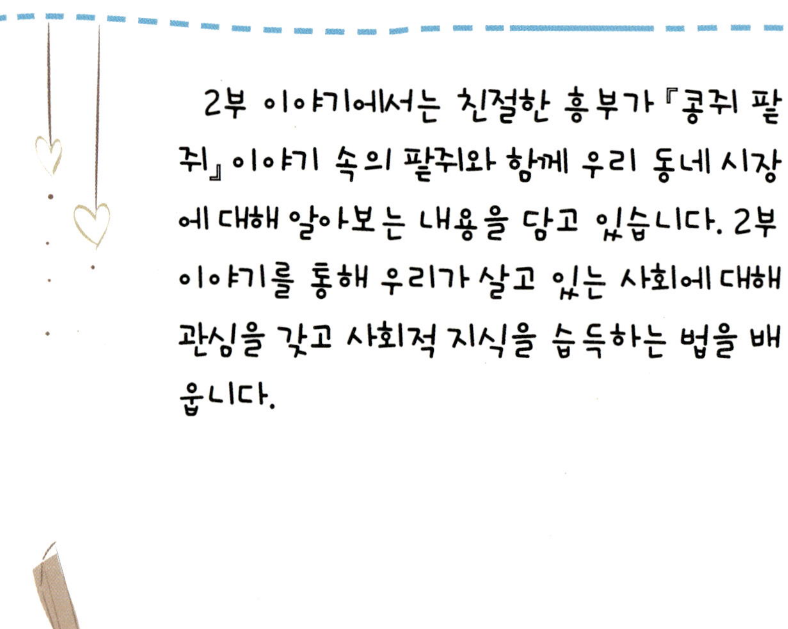

2부 이야기에서는 친절한 흥부가 『콩쥐 팥쥐』이야기 속의 팥쥐와 함께 우리 동네 시장에 대해 알아보는 내용을 담고 있습니다. 2부 이야기를 통해 우리가 살고 있는 사회에 대해 관심을 갖고 사회적 지식을 습득하는 법을 배웁니다.

확장 활동: 유아와 함께 시장에 가면 무엇이 있는지 말 잇기 게임을 해봅니다.
예) 시장에 가면 고등어도 있고, 신발도 있고, 바나나도 있고, 감자도 있고…

샘플파일 열기

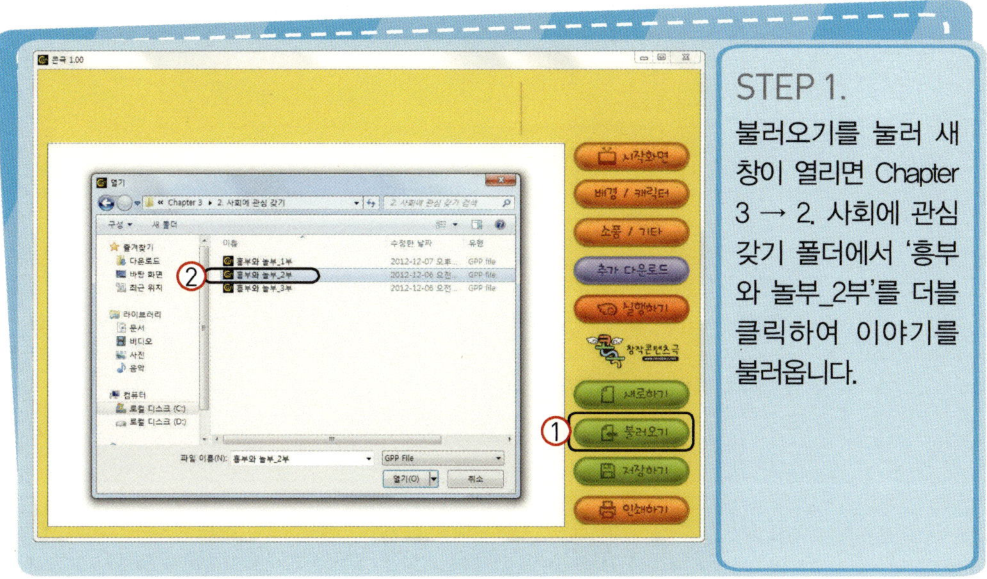

STEP 1.

불러오기를 눌러 새 창이 열리면 Chapter 3 → 2. 사회에 관심 갖기 폴더에서 '흥부와 놀부_2부'를 더블 클릭하여 이야기를 불러옵니다.

STEP 2.

저작도구 화면에 '흥부와 놀부 2부'가 나타납니다.

실행화면

수업사례 동영상자료
부록CD 〉 CD내용보기 〉 학습영상 〉 Chapter 3 〉 2.사회에 관
심 갖기 〉 흥부와 놀부 2부

3부 우리 이야기

『흥부와 놀부』에서 제비의 다리가 이야기 진행에 중요한 요소였습니다. 이를 생각하면서 다리 세기 전통놀이를 하며 재미있게 놀아봅니다.

－다리 세기 놀이
일득이 이득이 삼득이 사득이 오득이 육득이
칠득이 팔득이 구득이!

다리 세기 놀이 방법: 최소 2명 이상 참여한다. 놀이 참가자들은 두 줄로 마주 앉아 다리를 서로 맞물리게 놓는다. 가장 마지막 소절(구득이)에 짚어진 다리를 접는다. 그런 다음 남아 있는 다리부터 다시 놀이를 시작한다. 같은 방법으로 노래를 반복하여 양쪽 다리를 모두 오므린 아이의 순으로 등수가 매겨지고 마지막까지 다리가 남는 사람이 꼴찌가 되는 놀이이다.

샘플파일 열기

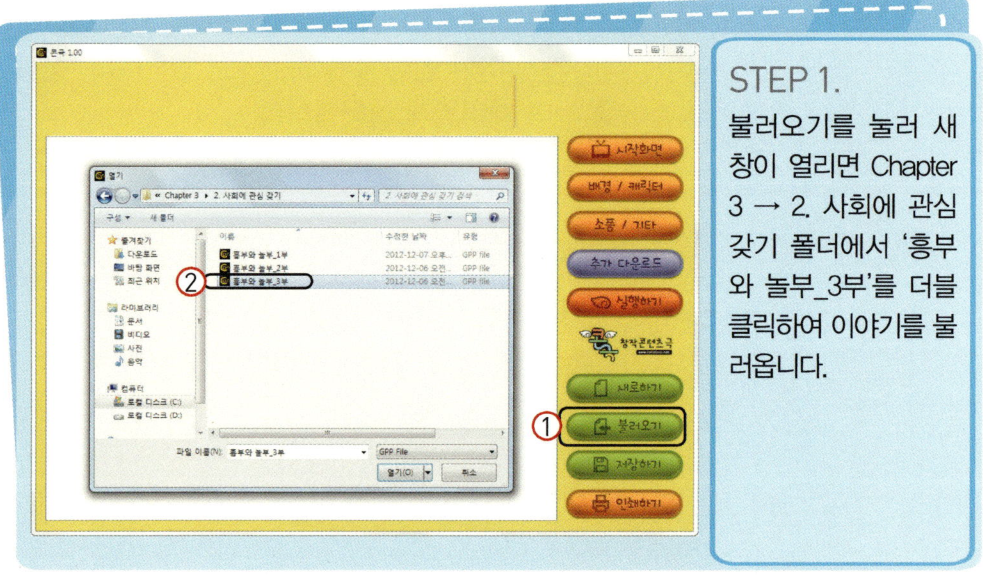

STEP 1.

불러오기를 눌러 새 창이 열리면 Chapter 3 → 2. 사회에 관심 갖기 폴더에서 '흥부와 놀부_3부'를 더블 클릭하여 이야기를 불러옵니다.

STEP 2.

저작도구 화면에 '흥부와 놀부 3부'가 나타납니다.

수업사례 동영상자료
부록CD 〉 CD내용보기 〉 학습영상 〉 Chapter 3 〉 2.사회에 관심 갖기 〉 흥부와 놀부 3부

사회관계

사회관계

　　사회관계 영역은 자신을 알고 소중하게 생각하며 공동체에서 살아가는 방법을 익히는 능력과 인성을 기르기 위한 영역입니다. 다양한 놀이를 통해 유아가 적극적으로 활동에 참여하고 경험을 하여 사회적 관계, 기능을 형성하는 것이 필요합니다.

3. 나와 다른 사람의 감정 알고 조절하기―이솝우화 『늑대와 양치기 소년』

　　자신의 감정이 다양할 수 있음을 인식하고 다른 사람의 감정에 관심을 갖고 공감하는 자세를 기르기 위한 단원입니다. 이솝우화 『늑대와 양치기 소년』의 창작 이야기와 손유희를 통해 자신의 감정을 알고 긍정적으로 표현하는 방법을 배웁니다.

『늑대와 양치기 소년』은 양 떼를 지키던 소년이 마을 사람들에게 늑대가 나타났다고 장난치다가 정말 늑대가 나타났을 때 마을 사람들에게 도움을 받지 못하는 이야기입니다. 이를 통해 거짓말하지 않아야 한다는 교훈을 배웁니다.

어느 마을에 양치기 소년이 살고 있었어. 어느 날 양치기는 양을 돌보다 심심해서 한 가지 장난을 치기로 했어. 마을 사람들을 향해 큰 소리로 늑대가 나타났다고 외쳤지. 마을 사람들은 늑대를 쫓아내기 위해 양치기가 있는 언덕으로 헐레벌떡 올라왔어. 하지만 언덕 위에 늑대는 없었고 양치기는 장난이었다고 말했지. 마을 사람들은 그 뒤로도 양치기의 장난에 속아 몇 번을 언덕 위로 올라왔단다. 화가 난 마을 사람들은 양치기를 크게 혼냈지만 양치기는 대수롭지 않게 생각했어. 어느 날 여느 때와 같이 양들을 돌보던 양치기의 뒤로 늑대의 울음소리가 들렸어. 정말로 늑대가 나타난 거야. 양치기는 서둘러 마을 사람들을 향해 늑대가 왔다고 소리쳤지만 마을 사람들은 또 양치기가 거짓말을 하는 줄 알았지. 늑대가 양들을 모두 해치도록 아무도 올라오지 않았단다.

샘플파일 열기

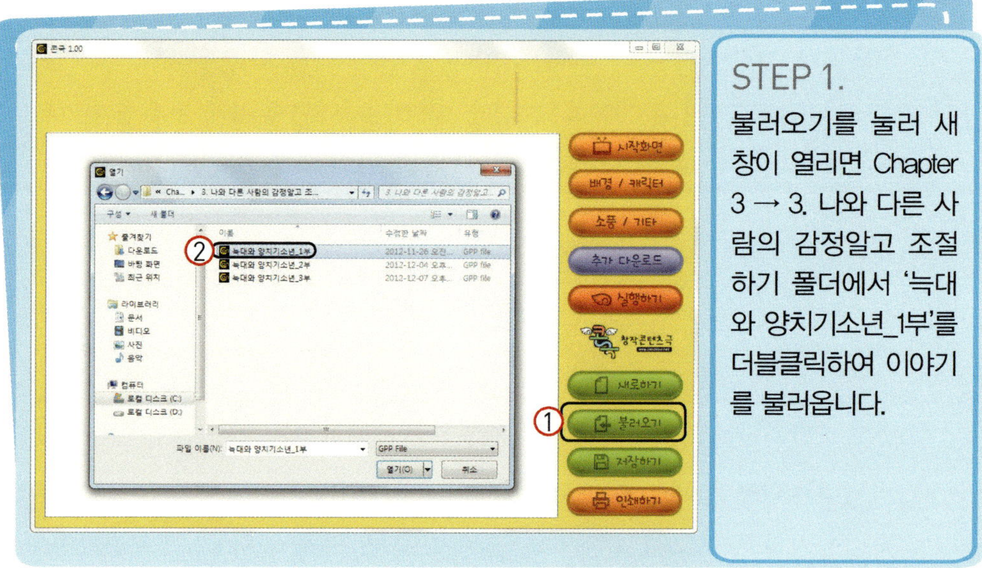

STEP 1.

불러오기를 눌러 새 창이 열리면 Chapter 3 → 3. 나와 다른 사람의 감정알고 조절하기 폴더에서 '늑대와 양치기소년_1부'를 더블클릭하여 이야기를 불러옵니다.

STEP 2.

저작도구 화면에 '늑대와 양치기 소년 1부'가 나타납니다.

수업사례 동영상자료
부록CD 〉 CD내용보기 〉 학습영상 〉 Chapter 3 〉 3.나와 다른
사람의 감정알고 조절하기 〉 늑대와 양치기소년 1부

2부　창작 이야기

5세 누리 과정
사회관계 〉 나와 다른 사람의 감정 알고 조절하기 〉 나의 감정 조절하기

　　양치기 소년은 왜 마을 사람들에게 늑대가 나타났다는 거짓말을 하게 된 걸까요? 혹시 아무도 오지 않는 언덕에서 다른 사람들의 관심을 받고 싶었던 것은 아니었을까요? 2부 이야기에서는 양치기 소년이 『은혜 갚은 까치』의 선비와 함께 자신의 감정을 말로 표현하면서 마을 사람들과 화해하는 내용을 담고 있습니다. 이를 통해 감정과 행동을 조절하는 법을 익히게 되고 감정을 유발시킨 이유를 전달할 수 있도록 합니다.

확장 활동: 친구들과 함께 심심할 때는 어떤 놀이를 하는지 이야기 해봅니다.
예) 만화를 봐요, 놀이터에서 놀아요, 블록쌓기를 해요…

샘플파일 열기

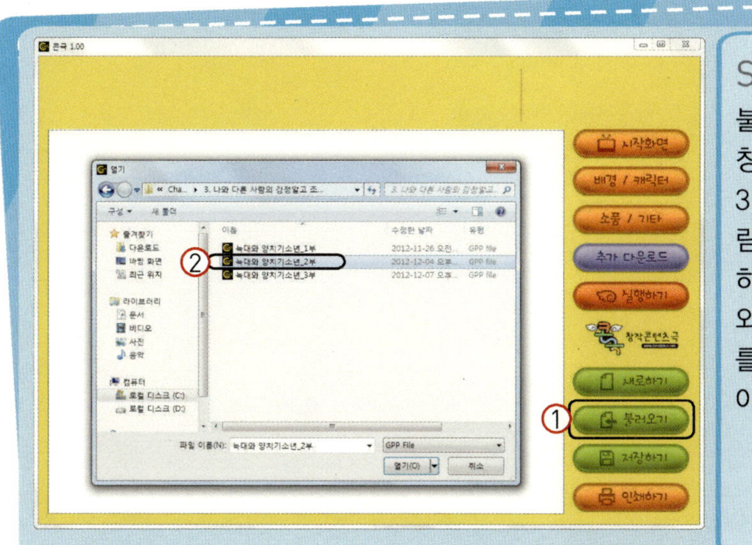

STEP 1.
불러오기를 눌러 새 창이 열리면 Chapter 3 → 3. 나와 다른 사람의 감정알고 조절하기 폴더에서 '늑대와 양치기소년_2부'를 더블클릭하여 이야기를 불러옵니다.

STEP 2.
저작도구 화면에 '늑대와 양치기 소년 2부'가 나타납니다.

실행화면

수업사례 동영상자료
부록CD 〉 CD내용보기 〉 학습영상 〉 Chapter 3 〉 3.나와 다른
사람의 감정알고 조절하기 〉 늑대와 양치기소년 2부

3부 우리 이야기

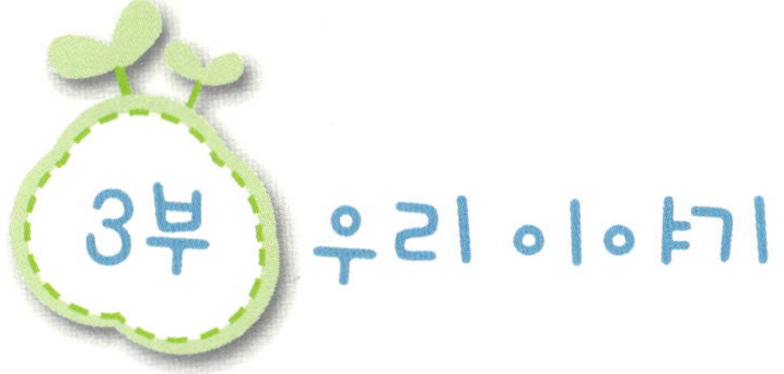

양치기 소년을 묘사한 노래를 부르며 양치기 소년이 하는 일을 상기하면서 손 유희와 율동을 통해 표현능력을 길러요.

-양치기 소년

나는야 룰루 랄라 양치기 소년

지팡이 하나와 피리 하나로

착한 양 떼 지키는 천하제일 양치기라네.

아뵤~

확장 활동: 친구의 장점이나 나의 장점을 넣어서 노래와 율동을 할 수 있습니다.

예) 나는야 룰루랄라 착한 소년, 매일 같이 웃음을 지으면서, 어른들에게 인사를 잘하는 착한 소년이라네 아뵤~…

샘플파일 열기

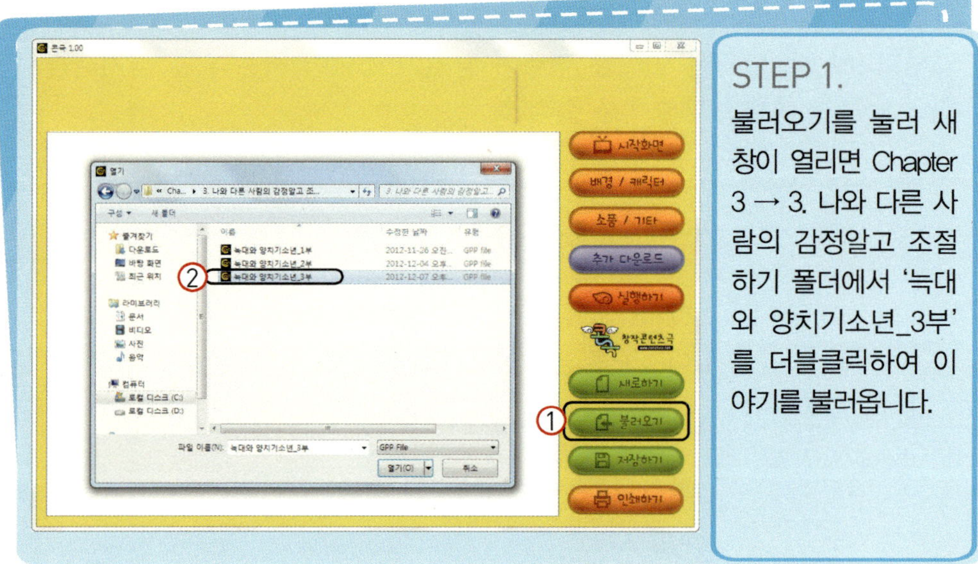

STEP 1.

불러오기를 눌러 새 창이 열리면 Chapter 3 → 3. 나와 다른 사람의 감정알고 조절하기 폴더에서 '늑대와 양치기소년_3부'를 더블클릭하여 이야기를 불러옵니다.

STEP 2.

저작도구 화면에 '늑대와 양치기 소년 3부'가 나타납니다.

수업사례 동영상자료
부록CD 〉 CD내용보기 〉 학습영상 〉 Chapter 3 〉 3.나와 다른
사람의 감정알고 조절하기 〉 늑대와 양치기소년 3부

사회관계

사회관계

　　사회관계 영역은 자신을 알고 소중하게 생각하며 공동체에서 살아가는 방법을 익히는 능력과 인성을 기르기 위한 영역입니다. 다양한 놀이를 통해 유아가 적극적으로 활동에 참여하고 경험을 하여 사회적 관계, 기능을 형성하는 것이 필요합니다.

4. 다른 사람과 더불어 생활하기–이솝우화 「고양이 목에 방울 달기」

　　또래와 서로 도우며 사회적 관계를 맺고 협력의 중요성을 깨닫게 하기 위한 단원입니다. 이솝우화 「고양이 목에 방울 달기」의 창작 이야기, 손놀이를 통해 친구, 교사, 이웃 등 다른 사람과 도우며 함께 살아가는 법을 배웁니다.

『고양이 목에 방울 달기』는 고양이에게 시달리던 쥐들이 고양이의 목에 방울을 달자고 제안하지만 실제로 달 수 있는 쥐가 없었다는 이야기입니다. 이야기의 주제는 아무리 뛰어난 생각이라도 실제로 실행할 수 없다면 헛된 의견이라는 교훈을 담고 있습니다.

어느 집 쥐구멍 안에서 쥐들이 모여 회의를 하고 있었어. 고양이 때문에 한시도 마음 놓고 살 수 없었던 쥐들이 무슨 좋은 방법이 없을까 고민하고 있었지. 고양이가 발자국 소리도 죽이고 살금살금 다가오기 때문에 쥐들이 도망칠 새도 없이 공격을 받기 때문이야. 그러다 한 젊은 쥐가 앞으로 나오더니 좋은 방법이 있다며 나섰어. 그 쥐의 생각은 고양이의 목에 방울을 달자는 거였어. 다른 쥐들은 모두 좋은 의견이라고 좋아했지. 고양이 목에 방울이 있으면 고양이가 살금살금 다가와도 방울 소리 덕분에 미리 도망칠 수 있을 테니까. 그런데 한 노인 쥐가 앞으로 나오더니 이야기했지.

"고양이 목에 방울을 달자는 의견은 참 좋지만 누가 고양이의 목에 방울을 달 것인가?"

노인 쥐의 이야기에도 방울을 달겠다고 나서는 이 없이 서로 눈치만 살피다가 하나둘씩 자리를 빠져나갔단다.

샘플파일 열기

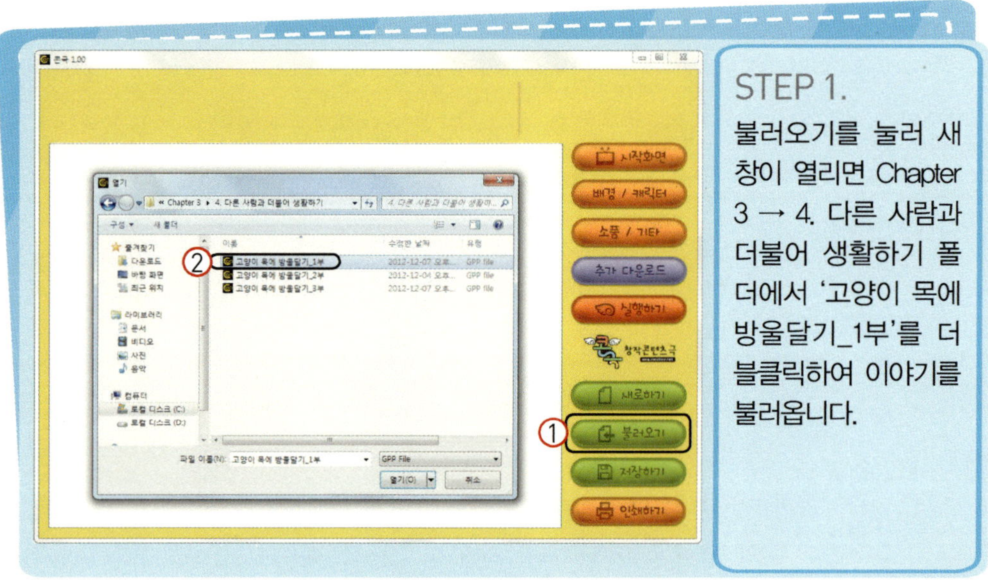

STEP 1.

불러오기를 눌러 새 창이 열리면 Chapter 3 → 4. 다른 사람과 더불어 생활하기 폴더에서 '고양이 목에 방울달기_1부'를 더블클릭하여 이야기를 불러옵니다.

STEP 2.

저작도구 화면에 '고양이 목에 방울 달기 1부'가 나타납니다.

실행화면

수업사례 동영상자료
부록CD 〉 CD내용보기 〉 학습영상 〉 Chapter 3 〉 4.다른 사람
과 더불어 생활하기 〉 고양이 목에 방울달기 1부

2부 창작 이야기

5세 누리 과정
사회관계 〉 다른 사람과 더불어 생활하기 〉 공동체에서 화목하게 지내기

『고양이 목에 방울 달기』이야기는 아무리 좋은 생각이라도 실제로 실행할 수 없다면 헛된 의견에 지나지 않는다는 교훈을 담고 있습니다. 하지만 2부 이야기에서는 『개미와 베짱이』의 개미와 만나 서로 힘을 합쳐 고양이의 목에 방울을 달게 됩니다. 이를 통해 유아의 사회적 관계와 협력의 중요성을 알고 실천하는 것을 배웁니다.

확장 활동: 친구와 함께 협동해서 할 수 있는 일이 무엇이 있는지 말해 봅니다.
예) 무거운 물건을 함께 옮겨요, 정리정돈을 함께해요…

샘플파일 열기

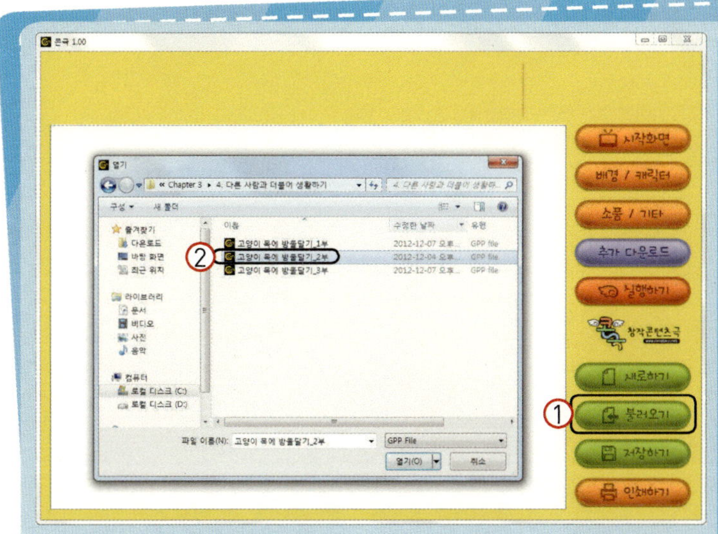

STEP 1.

불러오기를 눌러 새 창이 열리면 Chapter 3 → 4. 다른 사람과 더불어 생활하기 폴더에서 '고양이 목에 방울달기_2부'를 더블클릭하여 이야기를 불러옵니다.

STEP 2.

저작도구 화면에 '고양이 목에 방울 달기 2부'가 나타납니다.

수업사례 동영상자료
부록CD 〉 CD내용보기 〉 학습영상 〉 Chapter 3 〉 4.다른 사람
과 더불어 생활하기 〉 고양이 목에 방울달기 2부

3부 우리 이야기

「쥐가 한 마리」 놀이를 통해 수 세기 능력을 기르고 노래와 함께 손놀이를 하며 소근육 발달을 돕습니다.

-쥐가 한 마리

쥐가 한 마리, 쥐가 두 마리, 쥐가 세 마리, 네 마리, 다섯 마리

쥐가 여섯 마리, 쥐가 일곱 마리, 쥐가 여덟 마리, 아홉 마리, 열 마리

야옹야옹 고양이 화났지, 야옹야옹 고양이 나왔지

쥐가 도망가지, 쥐가 도망가지, 쥐가 어디로 갔는지 난 몰라

쥐구멍이지, 쥐구멍이지, 쥐구멍에 숨었지, 야옹

확장 활동: 다른 동물로 바꿔서 노래와 율동을 할 수 있습니다.

예) 토끼와 호랑이 새와 늑대…

샘플파일 열기

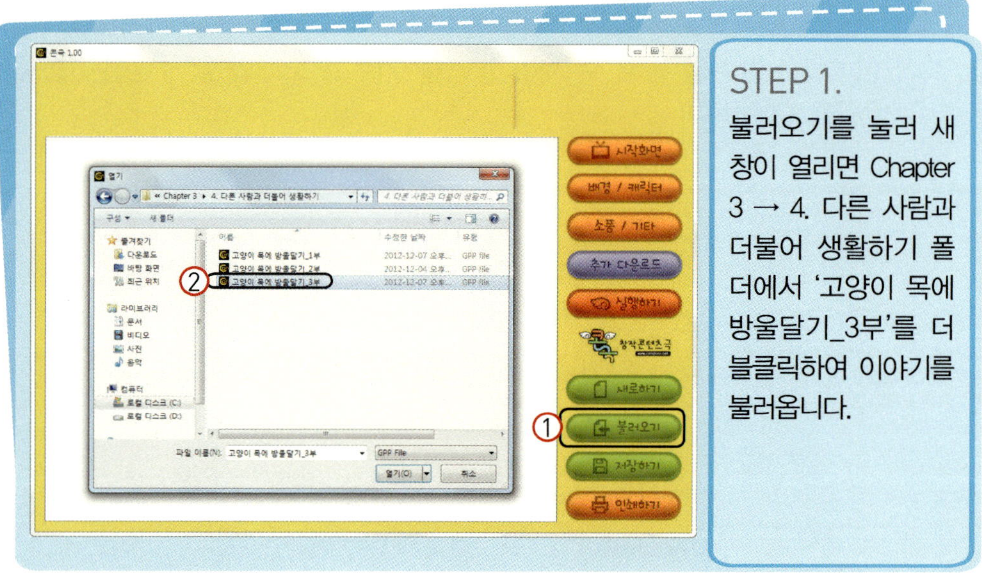

STEP 1.

불러오기를 눌러 새 창이 열리면 Chapter 3 → 4. 다른 사람과 더불어 생활하기 폴더에서 '고양이 목에 방울달기_3부'를 더블클릭하여 이야기를 불러옵니다.

STEP 2.

저작도구 화면에 '고양이 목에 방울 달기 3부'가 나타납니다.

수업사례 동영상자료
부록CD 〉 CD내용보기 〉 학습영상 〉 Chapter 3 〉 4.다른 사람
과 더불어 생활하기 〉 고양이 목에 방울달기 3부

CHAPTER 4

자연탐구

자연탐구

　　자연탐구 영역은 자연을 존중하는 마음을 바탕으로 창의적인 사고와 수학적·과학적 기초소양을 기르기 위한 영역입니다. 이 수학적·과학적 소양은 지식을 습득하기보다 호기심을 가지고 주변을 탐구하며 일상생활에서 문제해결능력을 익히도록 합니다.

1. 수학적 탐구하기 1-이솝우화 『토끼와 거북이』

　　유아가 일상생활이나 놀이를 하면서 마주하게 되는 문제를 논리적·수학적으로 해결하는 능력을 기르기 위한 단원입니다. 이솝우화 『토끼와 거북이』의 창작 이야기, 손유희를 통해 문제를 해결하는 능력을 키우고 수와 연산, 도형 등을 배웁니다.

1부 원작 이야기

『토끼와 거북이』는 토끼에게 느리다고 놀림을 받던 거북이가 토끼와의 경주에서 1등을 하게 되는 우화입니다. 이를 통해 자신의 능력이 뛰어나다고 상황에 안주하면 큰일을 이룰 수 없다는 교훈을 배웁니다.

숲 속 깊은 곳 동물마을에 토끼와 거북이가 살고 있었어. 하루는 토끼의 놀림에 큰 상처를 받은 거북이가 토끼에게 달리기 시합을 제안했어. 토끼는 말도 안 되는 일이라고 코웃음을 쳤지만 둘은 달리기 시합을 하게 되었지. 다음 날 경주가 시작되었고 토끼는 재빠르게 뛰어가 거북이를 한참 앞질러 갔단다. 거북이도 힘을 내어 한 걸음씩 앞으로 나아갔지. 얼마쯤 갔을까? 토끼는 거북이가 안 보일 때까지 뛰고 나자 조금 지치기 시작했고 근처 나무그늘에 앉아 쉬었다 가기로 했어. 그런데 잠깐 쉬겠다던 토끼는 그만 스르르 잠이 들어버렸단다. 토끼가 자고 있을 동안에도 거북이는 열심히 쉬지 않고 앞으로 달렸어. 결국 거북이는 토끼가 자고 있던 나무그늘을 지나쳐 반환점까지 찍고 1등으로 돌아왔단다. 응원을 하던 다른 친구들도 모두 거북이를 칭찬해주었고 뒤늦게 달려온 토끼는 이미 경기에서 진 뒤였단다.

샘플파일 열기

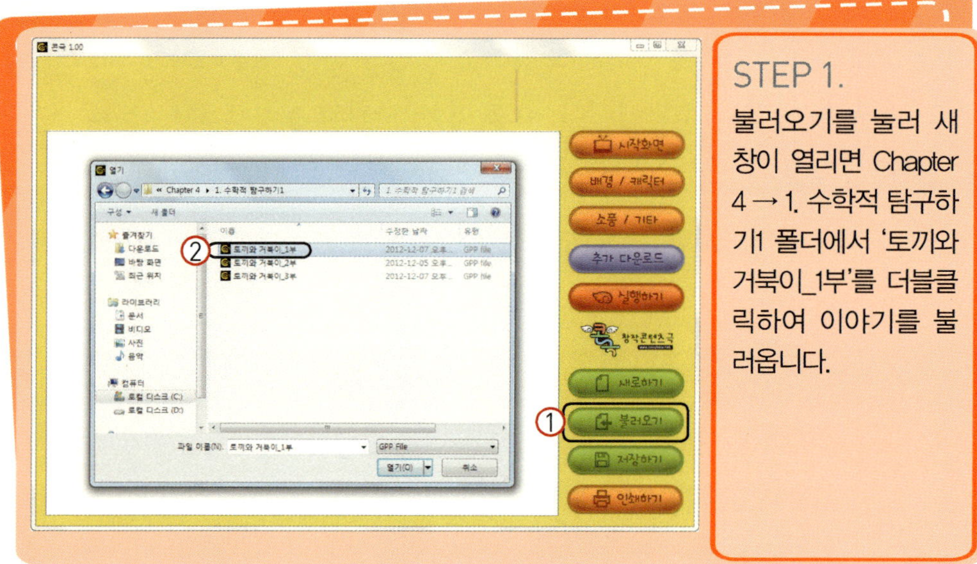

STEP 1.

불러오기를 눌러 새 창이 열리면 Chapter 4 → 1. 수학적 탐구하기1 폴더에서 '토끼와 거북이_1부'를 더블클릭하여 이야기를 불러옵니다.

STEP 2.

저작도구 화면에 '토끼와 거북이 1부'가 나타납니다.

수업사례 동영상자료
부록CD 〉 CD내용보기 〉 학습영상 〉 Chapter 4 〉 1.수학적 탐구하기1 〉 토끼와 거북이 1부

2부 창작 이야기

5세 누리 과정
자연탐구 〉 수학적 탐구하기 〉 공간과 도형의 기초개념 형성하기

토끼는 그동안 거북이를 놀린 것을 사과하고 경주에 이긴 거북이에게 축하 선물을 주려고 해요. 2부 이야기에서는 동물친구들이 거북이의 1등 선물을 준비하면서 상자의 다양한 형태를 발견하게 됩니다. 이를 통해 주변 사물에 대해 호기심을 갖고 관찰하며 비교하는 법을 익히게 되며 공통점과 차이점을 인식합니다.

확장 활동: 주변에서 동물친구들이 선물한 상자와 비슷한 모양을 찾아봅니다. 색종이로 여러 모양을 잘라 도화지를 꾸며 봅니다.
예) 네모모양 두 개로 텔레비전 만들기, 세모모양과 네모모양으로 오징어 모양 만들기, 동그라미 두 개로 눈사람 만들기…

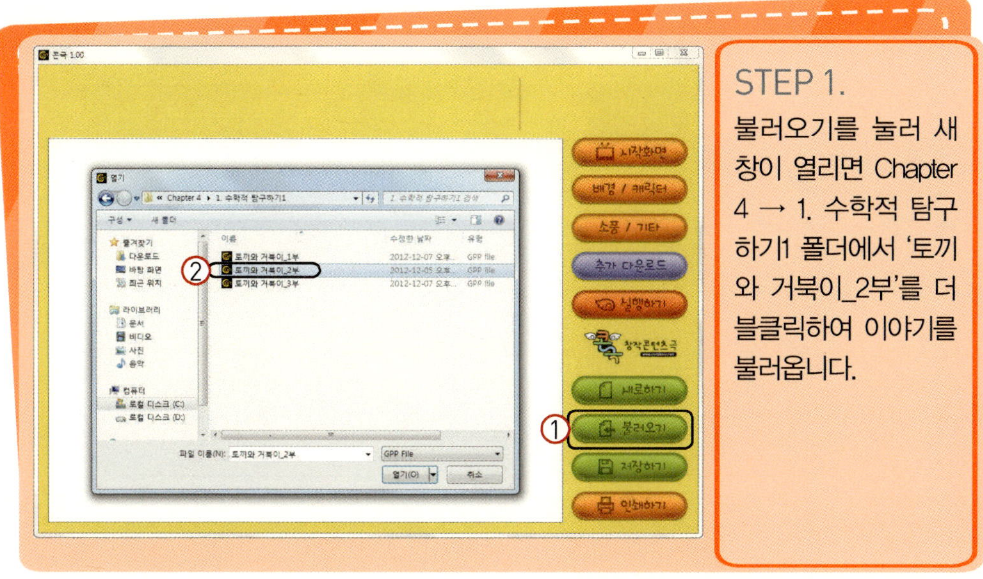

STEP 1.

불러오기를 눌러 새 창이 열리면 Chapter 4 → 1. 수학적 탐구하기1 폴더에서 '토끼와 거북이_2부'를 더블클릭하여 이야기를 불러옵니다.

STEP 2.

저작도구 화면에 '토끼와 거북이 2부'가 나타납니다.

실행화면

수업사례 동영상자료
부록CD 〉 CD내용보기 〉 학습영상 〉 Chapter 4 〉 1.수학적 탐
구하기1 〉 토끼와 거북이 2부

노래를 따라 부르며 각 도형에 해당하는 사물을 찾는 활동을 통해 관찰력과 순발력을 키울 수 있고 손유희를 접목하여 표현능력을 높입니다.

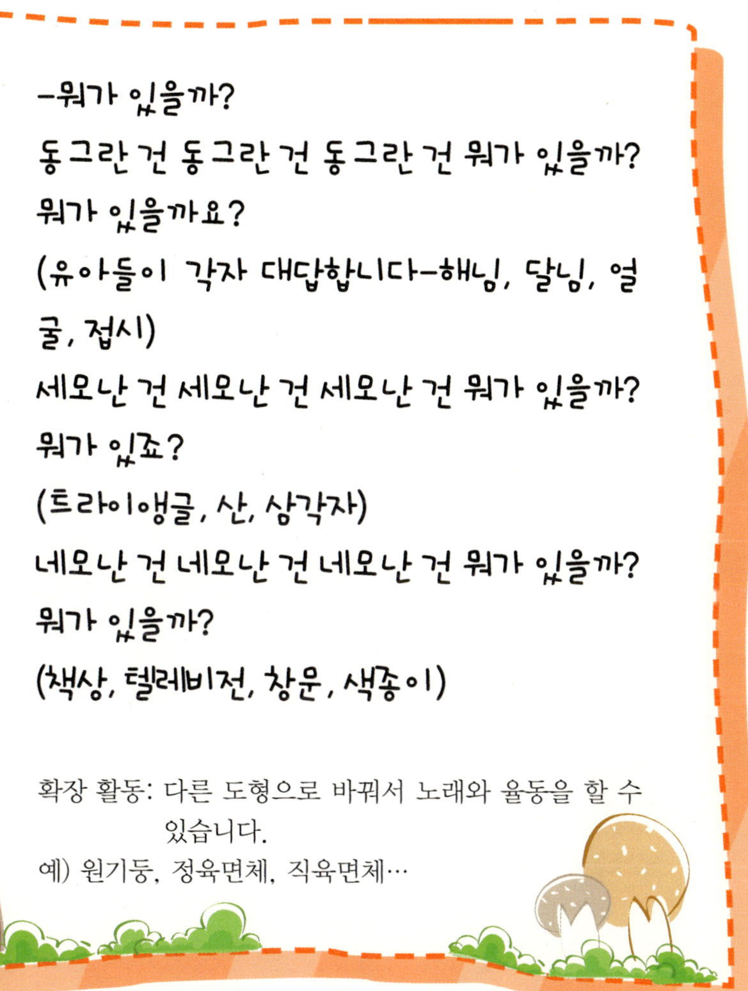

-뭐가 있을까?

동그란 건 동그란 건 동그란 건 뭐가 있을까?

뭐가 있을까요?

(유아들이 각자 대답합니다-해님, 달님, 얼굴, 접시)

세모난 건 세모난 건 세모난 건 뭐가 있을까?

뭐가 있죠?

(트라이앵글, 산, 삼각자)

네모난 건 네모난 건 네모난 건 뭐가 있을까?

뭐가 있을까?

(책상, 텔레비전, 창문, 색종이)

확장 활동: 다른 도형으로 바꿔서 노래와 율동을 할 수 있습니다.

예) 원기둥, 정육면체, 직육면체…

샘플파일 열기

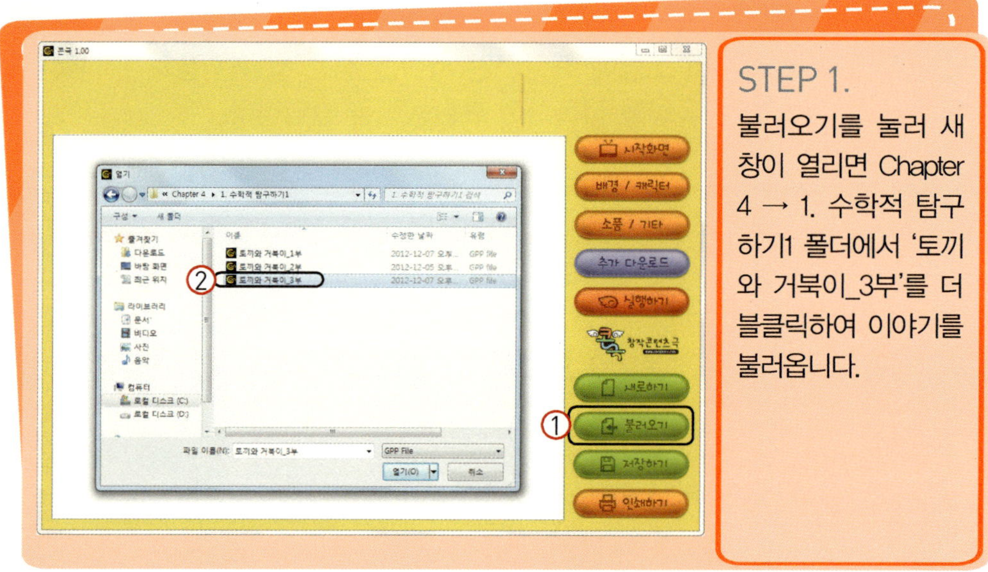

STEP 1.

불러오기를 눌러 새 창이 열리면 Chapter 4 → 1. 수학적 탐구하기1 폴더에서 '토끼와 거북이_3부'를 더블클릭하여 이야기를 불러옵니다.

STEP 2.

저작도구 화면에 '토끼와 거북이 3부'가 나타납니다.

수업사례 동영상자료
부록CD 〉 CD내용보기 〉 학습영상 〉 Chapter 4 〉 1.수학적 탐
구하기1 〉 토끼와 거북이 3부

자연탐구

자연탐구

　　자연탐구 영역은 자연을 존중하는 마음을 바탕으로 창의적인 사고와 수학적·과학적 기초소양을 기르기 위한 영역입니다. 이 수학적·과학적 소양은 지식을 습득하기보다 호기심을 가지고 주변을 탐구하며 일상생활에서 문제해결능력을 익히도록 합니다.

2. 수학적 탐구하기 2―전래동화 『토끼와 자라』

　　유아가 일상생활이나 놀이를 하면서 마주하게 되는 문제를 논리적·수학적으로 해결하는 능력을 기르기 위한 단원입니다. 전래동화 『토끼와 자라』의 창작 이야기, 손유희를 통해 문제를 해결하는 능력을 키우고 수와 연산, 도형 등을 배웁니다.

원작 이야기

　『토끼와 자라』는 바닷속 용왕님의 병을 치료하기 위한 약으로 토끼의 간을
얻으려는 자라와 꾐에 빠져 바닷속으로 잡혀 들어갔다가 꾀를 내어 위기를 모면
하게 되는 토끼를 다룬 전래동화입니다.

　옛날 옛날에 바다 깊은 곳 용궁에 사는 용왕님이 큰 병에 걸렸어.
신하들은 좋다는 약은 모두 구해 바쳤지만 용왕님의 병은 나아지지
않았지. 그러다 토끼의 간을 먹어야만 나을 수 있다는 사실을 알게
되었고 물속과 땅을 오갈 수 있는 자라가 토끼를 잡아오기로 했어.
자라는 육지로 올라가 숲 속을 헤매던 중 드디어 토끼를 만나게 되
었어. 자라는 토끼에게 멋진 바닷속 용궁 구경을 시켜주겠다며 토끼
를 등에 태우고 용궁으로 향했단다. 토끼는 바다 구경에 신이 났지
만 용궁에 도착하자 병사들이 토끼를 밧줄로 꽁꽁 묶고서 용왕님 앞
에 앉혔어. 용왕님은 얼른 토끼의 배를 갈라 간을 꺼내오라고 했지.
그제야 자라의 꾐에 넘어간 사실을 알게 된 토끼는 간을 집에 두고
왔다는 꾀를 내었지. 그 말을 믿은 용왕님은 자라에게 토끼와 함께
육지로 올라가 간을 가져오라고 했어. 무사히 육지로 올라온 토끼는
자라를 팽개쳐 두고 도망쳤어. 자라는 뒤늦게 토끼에게 속은 걸 알
아차렸지만 이미 토끼는 저 멀리 사라진 뒤였단다.

샘플파일 열기

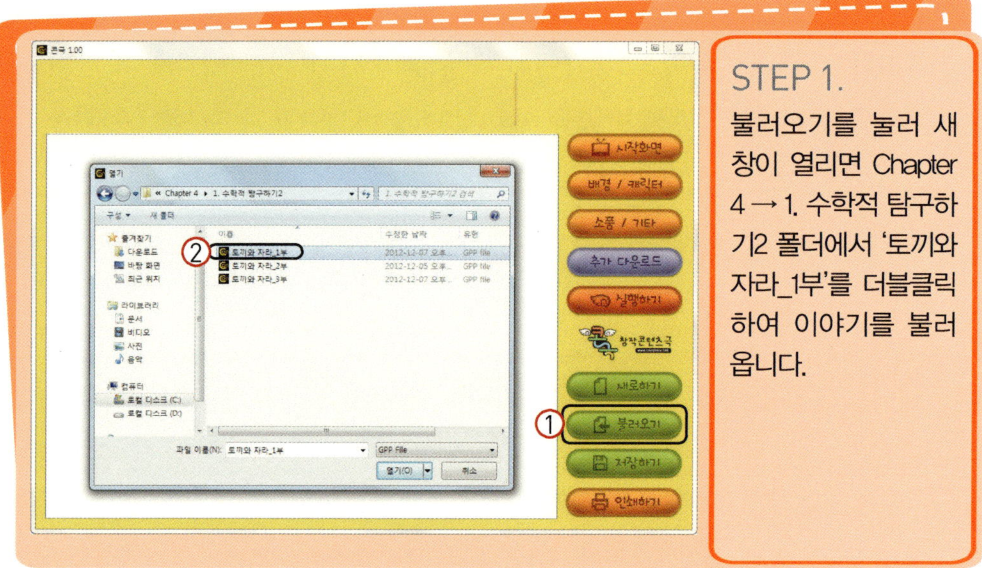

STEP 1.
불러오기를 눌러 새 창이 열리면 Chapter 4 → 1. 수학적 탐구하기2 폴더에서 '토끼와 자라_1부'를 더블클릭하여 이야기를 불러옵니다.

STEP 2.
저작도구 화면에 '토끼와 자라 1부'가 나타납니다.

실행화면

수업사례 동영상자료
부록CD 〉 CD내용보기 〉 학습영상 〉 Chapter 4 〉 2.수학적 탐
구하기2 〉 토끼와 자라 1부

2부 창작 이야기

5세 누리 과정
자연탐구 〉 수학적 탐구하기 〉 기초적인 측정하기

토끼를 놓친 자라는 어떻게 되었을까요? 용왕님은 병을 고치지 못했을까요? 2부 이야기에서는 자라가 토끼의 도움으로 소문난 한 의원을 찾아가게 됩니다. 그곳에서 자라는 직접 약재의 무게를 달아보며 양팔 저울의 특징과 물체마다 다른 무게를 갖고 있다는 사실을 배우게 되지요. 이를 통해 양팔 저울의 특징과 물체의 크기와 무게는 비례하지 않는다는 것을 이해하게 됩니다.

확장 활동: 주변의 물건을 모아 저울을 이용하여 가장 무거운 물건을 찾아봅니다. 저울이 없을 경우 똑같은 물건을 준비해 개수를 다르게 하여 어느 쪽이 무게가 더 나가는지 유아와 함께 이야기해봅니다.

예) 동전 두 개와 동전 한 개중 어느쪽이 무거울까요? 두 개가 무거워요, 같은 물건일 때 많은 쪽이 더 무거워요…

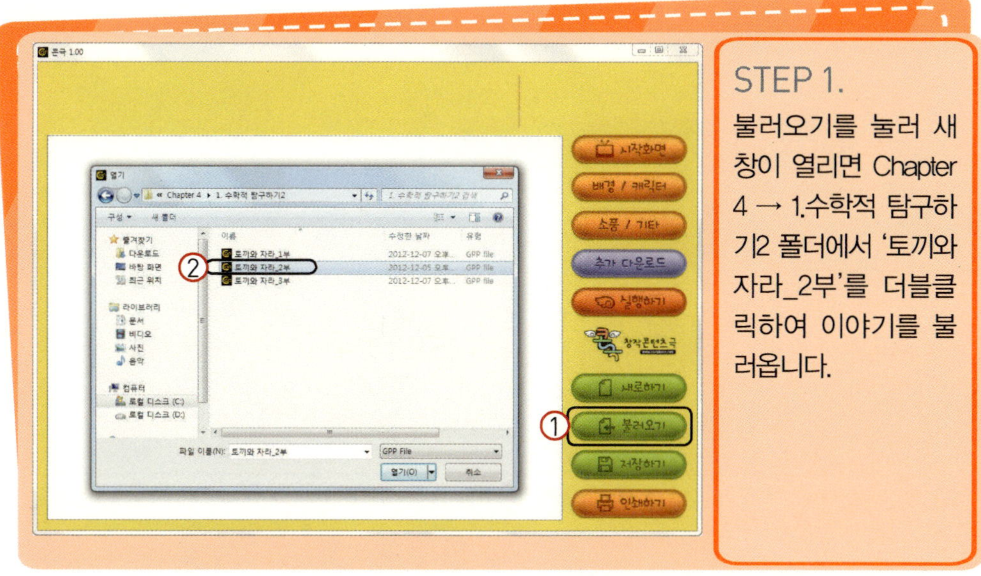

STEP 1.

불러오기를 눌러 새 창이 열리면 Chapter 4 → 1.수학적 탐구하기2 폴더에서 '토끼와 자라_2부'를 더블클릭하여 이야기를 불러옵니다.

STEP 2.

저작도구 화면에 '토끼와 자라 2부'가 나타납니다.

실행화면

수업사례 동영상자료
부록CD 〉 CD내용보기 〉 학습영상 〉 Chapter 4 〉 2.수학적 탐
구하기2 〉 토끼와 자라 2부

3부 우리 이야기

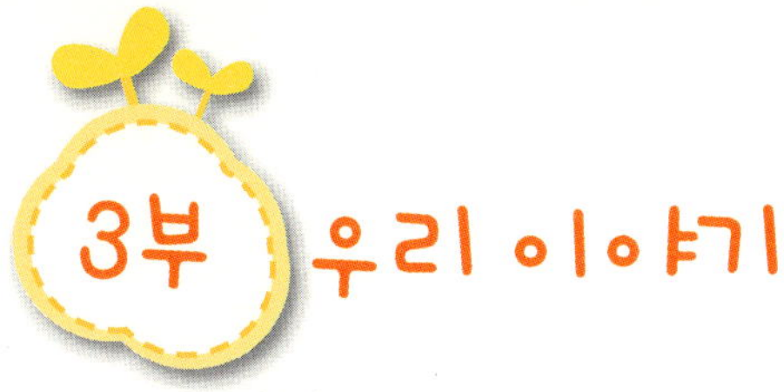

토끼의 생김새를 묘사한 노래를 따라 부르며 토끼의 특징을 몸으로 익히고 표현 활동을 통해 자신감을 북돋아 줍니다.

-토끼

동글동글 눈

길쭉길쭉 귀

오물오물 입

파아란 풀만 먹으면서

재주도 좋아~

확장 활동: 다른 동물의 생김새로 바꿔서 노래와 율동을 할 수 있습니다.

예) 동글동글 눈 쫑긋쫑긋 귀 오믈오믈 입 살랑살랑 꼬리 흔들면서 재주도 좋아…

샘플파일 열기

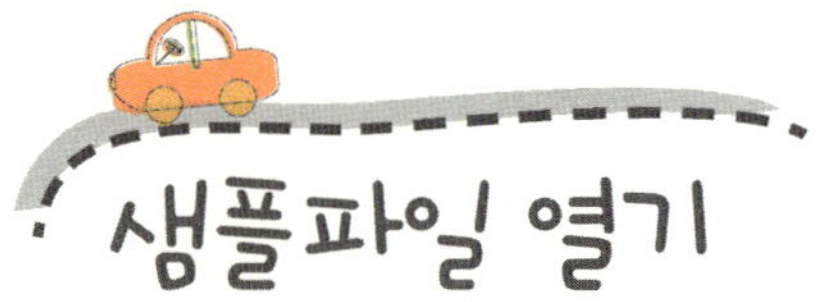

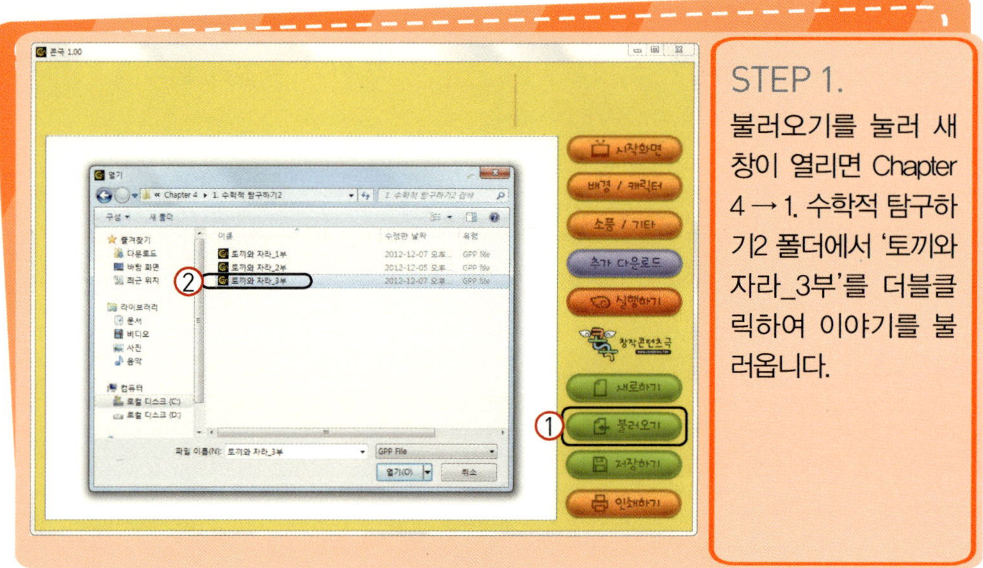

STEP 1.

불러오기를 눌러 새 창이 열리면 Chapter 4 → 1. 수학적 탐구하기2 폴더에서 '토끼와 자라_3부'를 더블클릭하여 이야기를 불러옵니다.

STEP 2.

저작도구 화면에 '토끼와 자라 3부'가 나타납니다.

수업사례 동영상자료
부록CD 〉 CD내용보기 〉 학습영상 〉 Chapter 4 〉 2.수학적 탐
구하기2 〉 토끼와 자라 3부

자연탐구

　　자연탐구 영역은 자연을 존중하는 마음을 바탕으로 창의적인 사고와 수학적·과학적 기초소양을 기르기 위한 영역입니다. 이 수학적·과학적 소양은 지식을 습득하기보다 호기심을 가지고 주변을 탐구하며 일상생활에서 문제해결능력을 익히도록 합니다.

3. 과학적 탐구하기 1―이솝우화 『당나귀와 소금장수』

　　유아가 자신의 주변 환경, 자연 현상에 대해 지속적으로 관심을 갖도록 다양한 활동을 제공해주는 단원입니다. 이솝우화 『당나귀와 소금장수』의 창작 이야기, 손유희를 통해 물질의 속성을 구체적으로 알게 합니다.

1부 원작 이야기

『당나귀와 소금장수』는 소금 자루를 나르는 당나귀가 꾀를 내어 편히 일하려다 소금장수의 잔꾀에 호되게 당하는 이야기입니다. 소금이 물에 녹는 것은 알았지만 솜은 물을 먹어 더 무거워지는 것은 몰랐던 당나귀의 어리석음을 보여줍니

어느 마을에 소금을 나르는 당나귀가 살고 있었어. 그 당나귀는 소금을 등에 지고 집과 시장을 오가며 일을 했지. 어느 날 무거운 소금을 지고 집으로 가던 당나귀는 개울을 건너다 그만 물에 풍덩 빠지고 말았어. 당나귀는 가까스로 물속에서 나올 수 있었는데 어찌된 일인지 짐이 한결 가벼워졌단다. 당나귀는 아주 가뿐하게 집으로 돌아올 수 있었어. 물에 빠지면 소금이 가벼워진다는 사실을 안 당나귀는 다음 날 개울을 건널 때 일부러 물에 풍덩 빠졌단다. 소금장수는 편하게 집에 도착한 당나귀를 보며 혼내줘야겠다고 생각했어. 다음 날 소금장수는 시장에서 소금 대신 솜을 가득 사와 당나귀 등에 실었단다. 당나귀는 그런 줄도 모르고 짐을 가볍게 하기 위해 또 개울에 빠졌어. 그러나 물에서 나온 당나귀는 물을 가득 먹은 솜 때문에 매우 무거웠고 두 배로 무거워진 짐을 들고 끙끙대며 집으로 가야 했단다.

샘플파일 열기

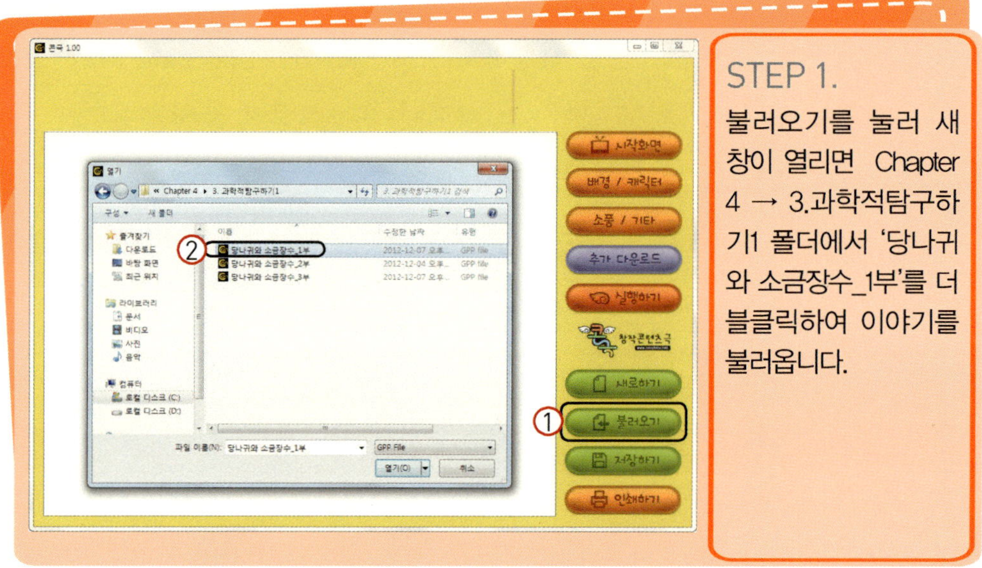

STEP 1.

불러오기를 눌러 새 창이 열리면 Chapter 4 → 3.과학적탐구하기1 폴더에서 '당나귀와 소금장수_1부'를 더블클릭하여 이야기를 불러옵니다.

STEP 2.

저작도구 화면에 '당나귀와 소금장수 1부'가 나타납니다.

수업사례 동영상자료
부록CD 〉 CD내용보기 〉 학습영상 〉 Chapter 4 〉 3.과학적 탐
구하기1 〉 당나귀와 소금장수 1부

2부 창작 이야기

5세 누리 과정
자연탐구 〉 과학적 탐구하기 〉 물체와 물질 알아보기

소금이 물에 닿으면 가벼워진다는 사실은 알았지만 솜은 물을 빨아들여 무거워지는 것을 올랐던 당나귀는 소금장수의 꾀에 혼쭐나고 말았어요. 2부 이야기에서는 당나귀가 여러 물질을 가지고 물에 넣는 실험을 하게 됩니다. 이를 통해 물질마다 다른 특성을 지니고 있다는 것을 알게 됩니다.

확장 활동: 2부 진행 후, 유아와 직접 실험을 할 수 있고, 물에 설탕을 넣어서 녹이면 어떤 맛이 나는지 유아와 함께 이야기해봅니다.
예) 설탕은 달아요, 소금은 짜요…

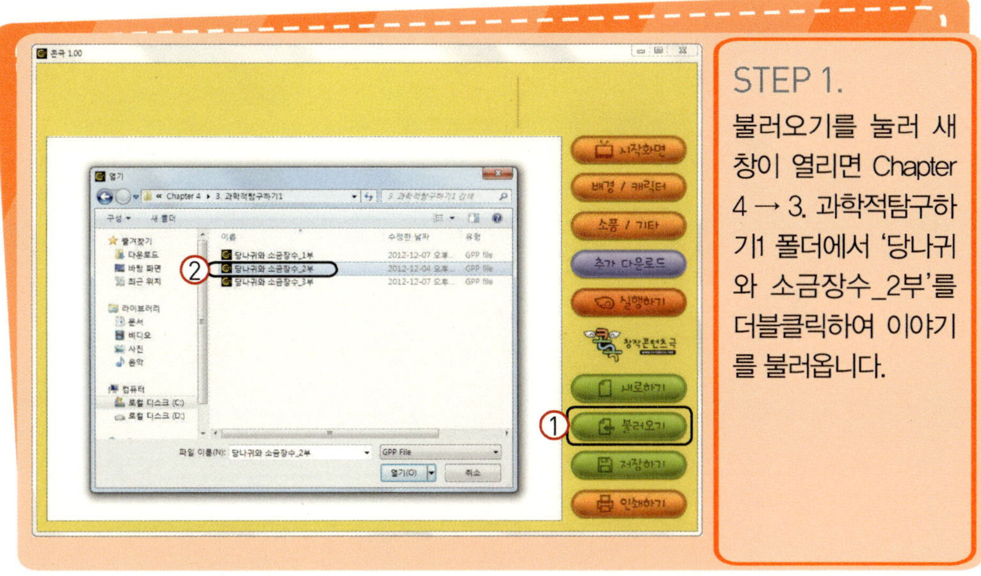

STEP 1.

불러오기를 눌러 새 창이 열리면 Chapter 4 → 3. 과학적탐구하기1 폴더에서 '당나귀와 소금장수_2부'를 더블클릭하여 이야기를 불러옵니다.

STEP 2.

저작도구 화면에 '당나귀와 소금장수 2부'가 나타납니다.

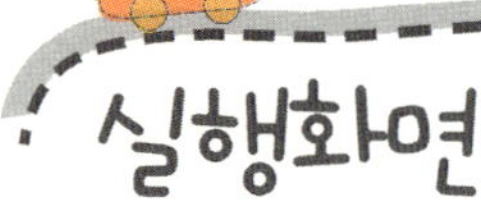

실행화면

수업사례 동영상자료

부록CD 〉 CD내용보기 〉 학습영상 〉 Chapter 4 〉 3.과학적 탐구하기1 〉 당나귀와 소금장수 2부

노래를 따라 부르며 각각 맛의 특징을 익히고 동작으로 표현해봄으로써 표현능력과 상상력을 높여줍니다.

-어떤 맛일까?

설탕은 설탕은 어떤 맛일까?

소금은 소금은 어떤 맛일까?

짭짤해 짭짤해 짭짤해요.

확장 활동: '설탕'과 '소금' 부분에 식초나 간장, 참깨 등
으로 바꿔서 노래와 율동을 할 수 있습니다.

예) 식초, 간장, 깨…

샘플파일 열기

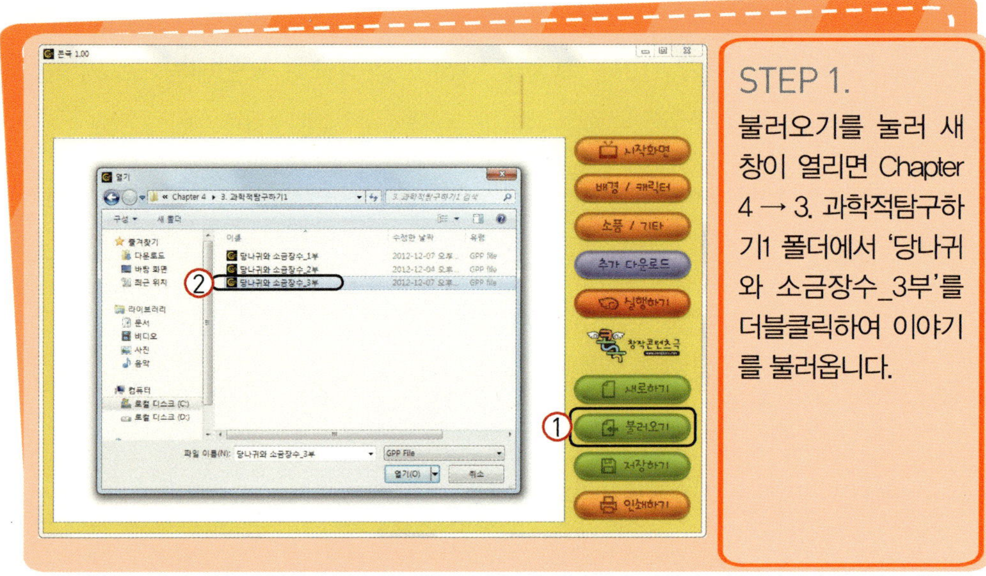

STEP 1.

불러오기를 눌러 새 창이 열리면 Chapter 4 → 3. 과학적탐구하기1 폴더에서 '당나귀와 소금장수_3부'를 더블클릭하여 이야기를 불러옵니다.

STEP 2.

저작도구 화면에 '당나귀와 소금장수 3부'가 나타납니다.

수업사례 동영상자료
부록CD 〉 CD내용보기 〉 학습영상 〉 Chapter 4 〉 3.과학적 탐구하기1 〉 당나귀와 소금장수 3부

　　자연탐구 영역은 자연을 존중하는 마음을 바탕으로 창의적인 사고와 수학적·과학적 기초소양을 기르기 위한 영역입니다. 이 수학적·과학적 소양은 지식을 습득하기보다 호기심을 가지고 주변을 탐구하며 일상생활에서 문제해결능력을 익히도록 합니다.

4. 과학적 탐구하기 2-이솝우화 『북풍과 태양』

　　유아가 자신의 주변 환경, 자연 현상에 대해 지속적으로 관심을 갖도록 다양한 활동을 제공해주는 단원입니다. 이솝우화 『북풍과 태양』의 창작 이야기, 신체 활동을 통해 자연과 사람이 더불어 살아가야 한다는 생각을 하게 합니다.

1부 원작 이야기

『북풍과 태양』은 나그네의 외투를 벗기는 내기를 하는 북풍과 태양의 이야기입니다. 이 이야기를 통해 자신의 의견을 무리하게 강요하는 것보다 부드럽게 설득하는 편이 더 낫다는 교훈을 배웁니다.

쌀쌀맞고 모든 친구를 추위에 떨게 만드는 차가운 겨울의 북풍과 온화한 햇볕을 내리쬐는 해님이 있었어. 북풍은 북쪽으로 돌아가야 할 때가 되었는데도 돌아갈 생각을 않고 찬바람만 훅훅 불어대며 힘자랑을 했지. 태양은 그런 북풍을 서둘러 돌려보내고 싶었고 북풍의 제안으로 나그네의 외투를 벗기는 내기를 하게 되었단다. 내기에서 지는 쪽이 물러나기로 했지. 먼저 북풍이 숨을 크게 들이마시고 나그네를 향해 힘껏 바람을 내뿜었어. 나그네는 갑자기 부는 찬바람에 정신없어하며 몸을 웅크리고는 외투를 더욱 단단하게 여몄지. 북풍이 강한 바람을 내뿜어도 나그네는 외투를 더욱 꽁꽁 싸맬 뿐이었단다. 다음으로 태양의 차례였어. 태양은 따뜻한 입김을 나그네에게 불어댔지. 나그네는 따뜻한 기운에 웅크렸던 몸을 펴기 시작했고 계속되는 더운 입김에 결국 외투를 획 벗어 던지고 말았어. 이 모습을 본 북풍은 태양 앞에서 힘자랑했던 자신이 부끄러워 북쪽으로 달아났단다.

샘플파일 열기

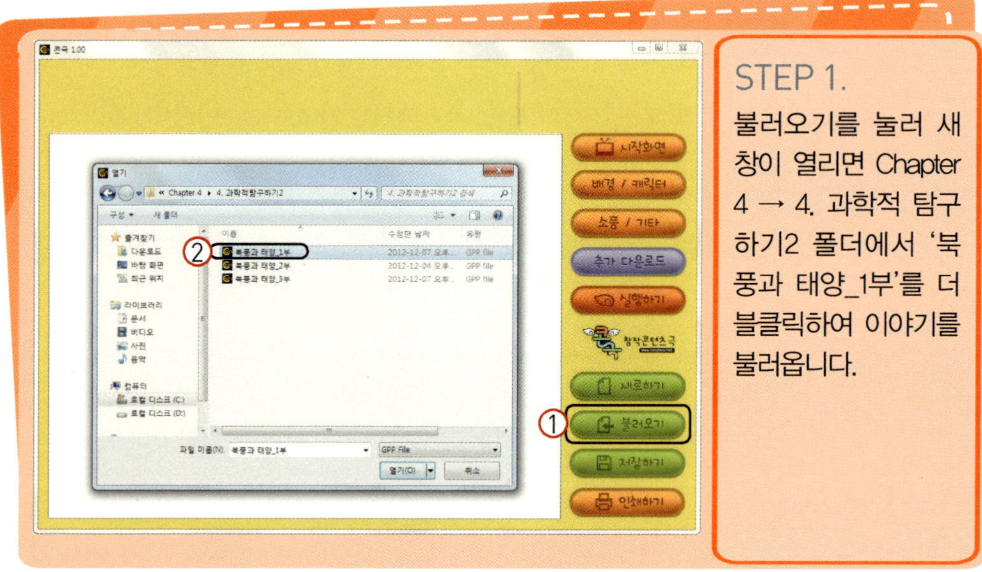

STEP 1.

불러오기를 눌러 새 창이 열리면 Chapter 4 → 4. 과학적 탐구하기2 폴더에서 '북풍과 태양_1부'를 더블클릭하여 이야기를 불러옵니다.

STEP 2.

저작도구 화면에 '북풍과 태양 1부'가 나타납니다.

수업사례 동영상자료
부록CD 〉 CD내용보기 〉 학습영상 〉 Chapter 4 〉 4.과학적 탐구하기2 〉 북풍과 태양 1부

2부 창작 이야기

5세 누리 과정

자연탐구 〉 과학적 탐구하기 〉 생명체와 자연환경 알아보기

북풍을 북쪽으로 보내기 위해 내기에 이용했던 나그네에게 미안한 마음이 들었던 태양은 나그네에게 선물을 주기로 해요. 2부 이야기에서는 나그네가 심은 꽃씨를 본 태양이 예쁜 꽃을 무럭무럭 자라게 하기 위해서 따뜻한 입김을 계속 불어주어요. 하지만 새싹은 무럭무럭 자라기는커녕 점점 시들시들 말라버리지요. 이를 본 구름이 비를 내려주어 새싹에 꽃을 아름답게 틔우는 내용을 담고 있습니다. 이를 통해 생명체가 살아가기에 좋은 환경에 대해 알게 되고 새싹이 잘 자라기 위해서는 적당한 햇빛과 적당한 물이 필요하다는 것을 배우게 됩니다.

확장 활동: 유아와 함께 식물을 키울 때 어떤 점을 주의해야 하는지 이야기 해봅니다.
예) 물을 잘 줘야 되요, 햇빛이 잘 드는 곳에 놓아요…

샘플파일 열기

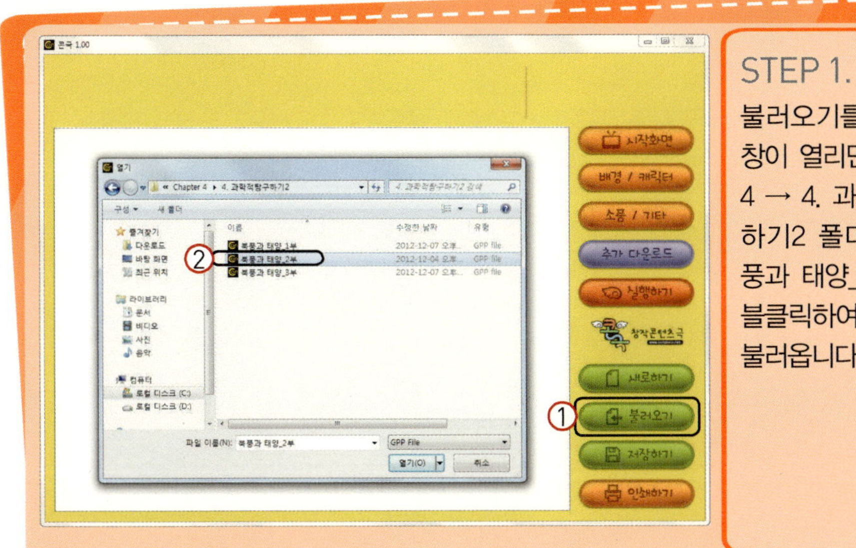

STEP 1.

불러오기를 눌러 새 창이 열리면 Chapter 4 → 4. 과학적 탐구하기2 폴더에서 '북풍과 태양_2부'를 더블클릭하여 이야기를 불러옵니다.

STEP 2.

저작도구 화면에 '북풍과 태양 2부'가 나타납니다.

실행화면

수업사례 동영상자료

부록CD 〉 CD내용보기 〉 학습영상 〉 Chapter 4 〉 4.과학적 탐구하기2 〉 북풍과 태양 2부

3부 우리 이야기

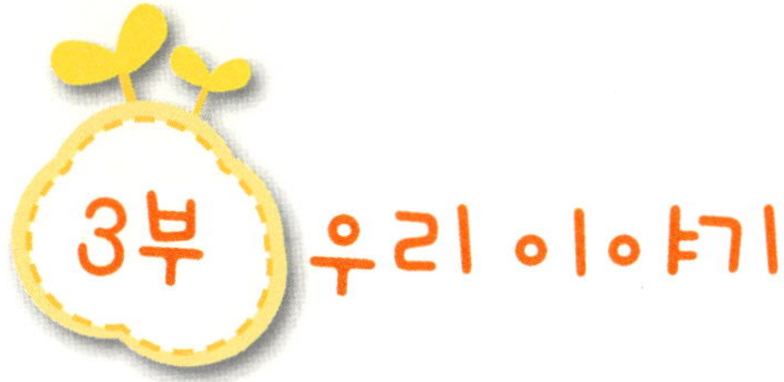

전래동요를 따라 부르며 꽃이 피어나는 과정을 익히고 노래와 신체 활동을 접목하여 정서적 발달과 언어발달을 촉진시킵니다.

-작은 꽃씨

작은 꽃씨 하나가 바람 타고 왔어요.

보슬보슬 봄비에 민들레가 피었어요.

확장 활동: '민들레' 대신 다른 다양한 꽃을 넣어서 노래와 율동을 할 수 있습니다.

예) 나팔꽃, 장미, 해바라기…

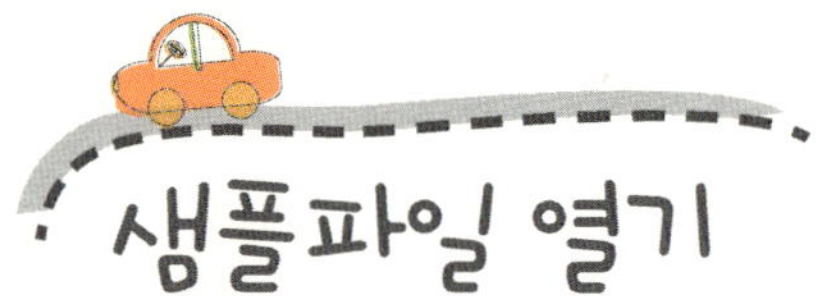

샘플파일 열기

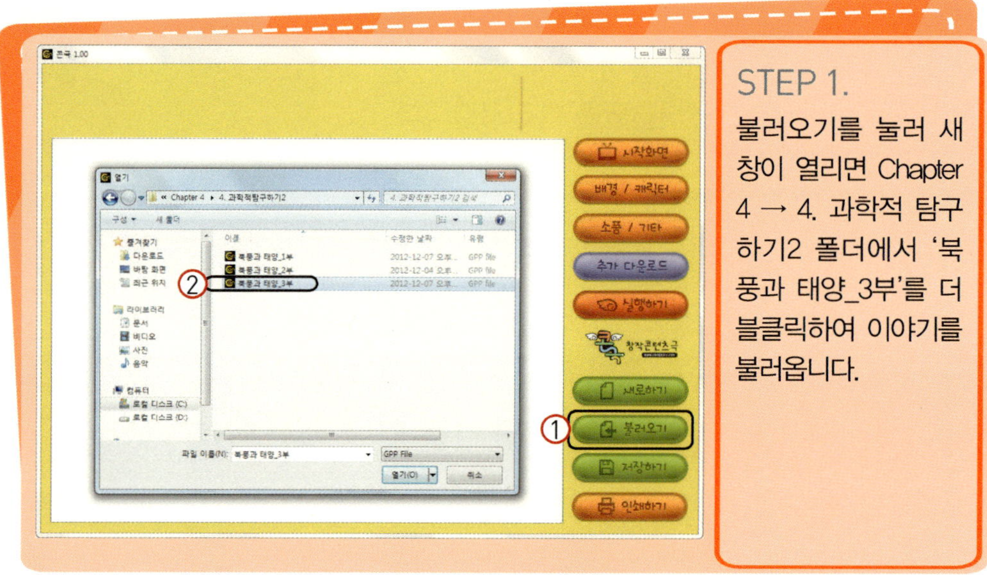

STEP 1.

불러오기를 눌러 새 창이 열리면 Chapter 4 → 4. 과학적 탐구하기2 폴더에서 '북풍과 태양_3부'를 더블클릭하여 이야기를 불러옵니다.

STEP 2.

저작도구 화면에 '북풍과 태양 3부'가 나타납니다.

실행화면

수업사례 동영상자료
부록CD 〉 CD내용보기 〉 학습영상 〉 Chapter 4 〉 4.과학적 탐
구하기2 〉 북풍과 태양 3부

자연탐구

　　자연탐구 영역은 자연을 존중하는 마음을 바탕으로 창의적인 사고와 수학적·과학적 기초소양을 기르기 위한 영역입니다. 이 수학적·과학적 소양은 지식을 습득하기보다 호기심을 가지고 주변을 탐구하며 일상생활에서 문제해결능력을 익히도록 합니다.

5. 과학적 탐구하기 3-이솝우화 『여우와 신 포도』

　　유아가 자신의 주변 환경, 자연 현상에 대해 지속적으로 관심을 갖도록 다양한 활동을 제공해주는 단원입니다. 이솝우화 『여우와 신 포도』의 창작 이야기, 신체 활동을 통해 과학의 편리성과 역기능에 대해 생각해보게 합니다.

『여우와 신 포도』는 포도를 먹고 싶던 여우가 나무 높이 달린 포도를 따 먹지 못하자 포기하면서 원래 신 포도일 거라며 중얼거린다는 이야기입니다. 자신의 능력이 안돼 일이 제대로 안 되면 핑계를 대는 인간을 빗댄 우화입니다.

찌는 듯 무더운 여름에 언덕을 헤매던 여우 한 마리가 있었어. 오랫동안 길을 찾아 돌아다닌 여우는 무척이나 지쳐 있었고 배가 고팠지. 여우가 언덕을 올라가고 있을 때 저 멀리 탐스러운 포도들이 주렁주렁 열려 있는 포도밭을 보게 되었단다. 여우는 신이 나서 향긋한 포도밭으로 달려갔어. 그곳에 도착한 여우는 포도를 먹으려고 손을 뻗어보았지만 포도가 너무 높이 매달려 있어 손이 닿질 않았어. 있는 힘을 다해 팔을 쭉 뻗어보았지만 손이 닿지 않았지. 폴짝폴짝 뛰어도 봤지만 헛수고였어. 결국 여우는 실망스러운 표정으로 포도를 외면했어. 포도가 손에 닿질 않아 먹을 수 없게 된 여우는 그 포도가 맛없는 신 포도일거라 말하면서 돌아섰단다.

샘플파일 열기

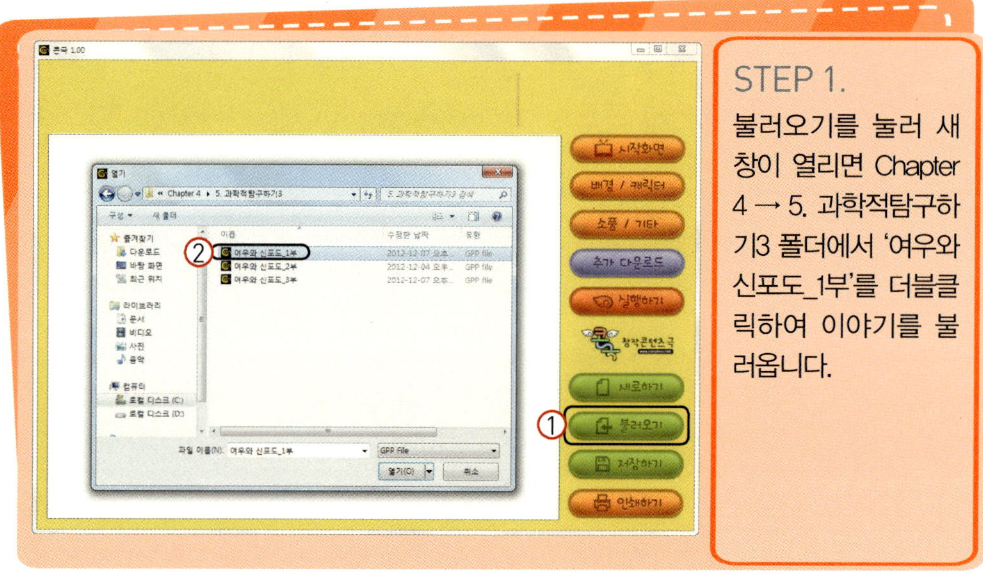

STEP 1.

불러오기를 눌러 새 창이 열리면 Chapter 4 → 5. 과학적탐구하기3 폴더에서 '여우와 신포도_1부'를 더블클릭하여 이야기를 불러옵니다.

STEP 2.

저작도구 화면에 '여우와 신 포도 1부'가 나타납니다.

실행화면

수업사례 동영상자료
부록CD 〉 CD내용보기 〉 학습영상 〉 Chapter 4 〉 5.과학적 탐
구하기3 〉 여우와 신포도 1부

2부 창작 이야기

5세 누리 과정
자연탐구 〉 과학적 탐구하기 〉 간단한 도구와 기계 활용하기

포도가 손에 닿질 않아 돌아섰던 여우는 신 포도일 거라며 돌아섰지만 그래도 포도를 정말 먹고 싶었을 거예요. 2부 이야기에서는 여우와 개구리 오누이가 주위에 있는 도구들을 모아 포도를 따기 적당한 도구를 찾아냅니다. 이를 통해 주변의 간단한 도구와 사물을 알아보며 생활을 편리하게 해주는 도구와 기계에 관심을 갖게 합니다.

확장 활동: 유아와 함께 높은 곳에 있는 물건을 꺼낼 수 있는 방법을 이야기 해봅니다.
예) 사다리, 아빠무등, 의자, 상자…

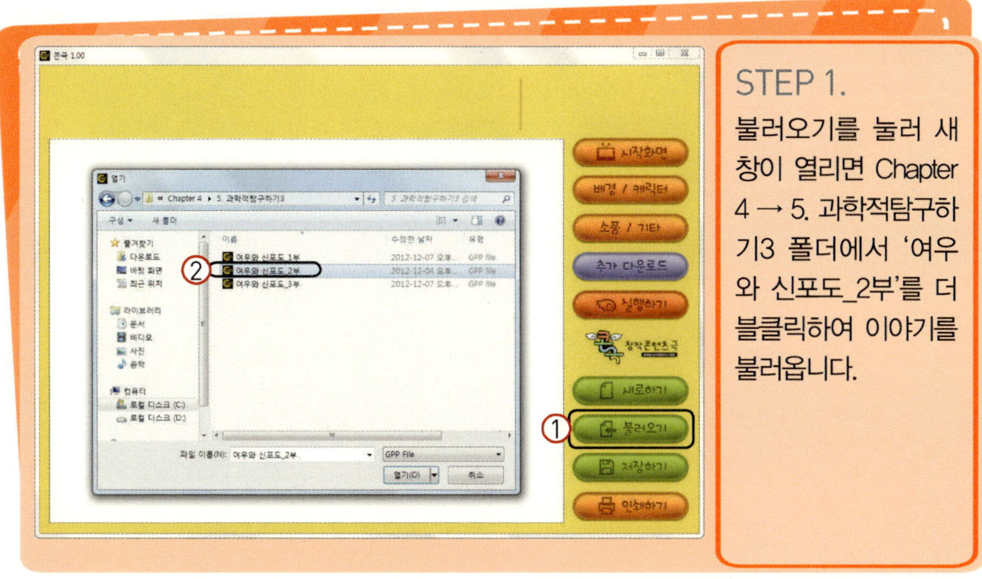

STEP 1.

불러오기를 눌러 새 창이 열리면 Chapter 4 → 5. 과학적탐구하기3 폴더에서 '여우와 신포도_2부'를 더블클릭하여 이야기를 불러옵니다.

STEP 2.

저작도구 화면에 '여우와 신 포도 2부'가 나타납니다.

실행화면

수업사례 동영상자료
부록CD 〉 CD내용보기 〉 학습영상 〉 Chapter 4 〉 5.과학적 탐구하기3 〉 여우와 신포도 2부

3부 우리 이야기

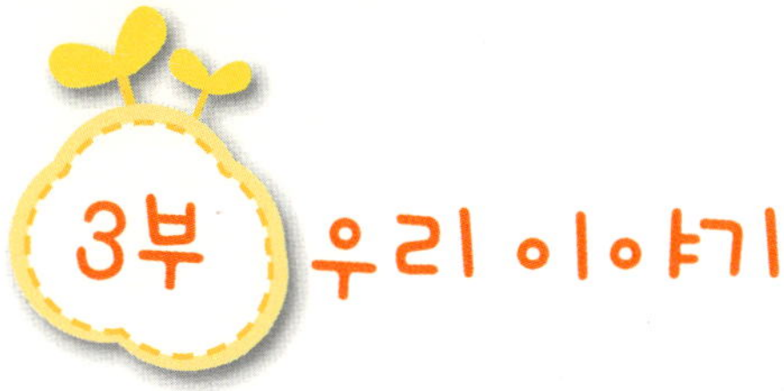

이야기의 핵심인 포도를 가지고 노래와 신체 활동을 접목하여 표현함으로써 창의성과 상상력을 높여줍니다.

-포도 드세요

작은 나무에 탐스러운 포도가 다닥다닥 다닥
다닥 많이 달렸네.
똑똑 따다가 흐르는 물에 씻어서 동그란 접시
에 담아서
엄마 드세요, 아빠 드세요. 아이 맛있다!

확장 활동: '포도' 부분에 다른 과일로 바꿔서 노래와 율동을 할 수 있습니다.

예) 앵두, 복숭아, 사과, 배…

샘플파일 열기

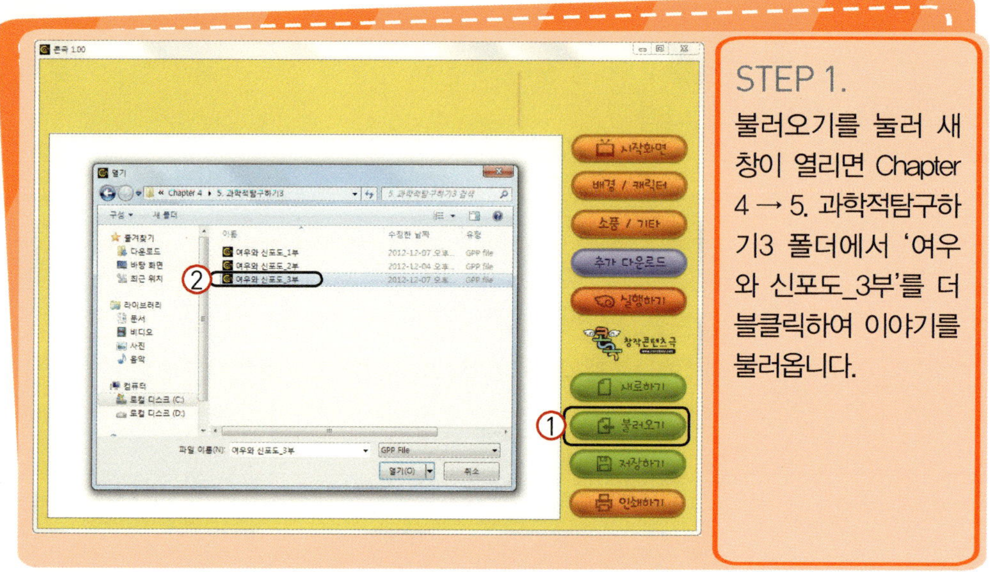

STEP 1.

불러오기를 눌러 새 창이 열리면 Chapter 4 → 5. 과학적탐구하기3 폴더에서 '여우와 신포도_3부'를 더블클릭하여 이야기를 불러옵니다.

STEP 2.

저작도구 화면에 '여우와 신 포도 3부'가 나타납니다.

실행화면

수업사례 동영상자료
부록CD 〉 CD내용보기 〉 학습영상 〉 Chapter 4 〉 5.과학적 탐구하기3 〉 여우와 신포도 3부

부록

1. 콘극 설치하기

콘극 basic 무료버전은 교재에 포함되어 있는 콘극의 정식버전으로 콘극 저작도구의 모든 기능을 사용할 수 있습니다. 설치된 콘극 프로그램 내에는 전래 동화, 이솝우화의 저장파일과 사용된 액트 아이템이 들어있습니다.

콘극 설치하기

① 콘극 CD를 CD-ROM 드라이브에 넣습니다.

② '콘극 설치하기'를 클릭해줍니다.

③ 설치 화면이 나오면 내용을 확인 한 후, '다음'을 클릭합니다.

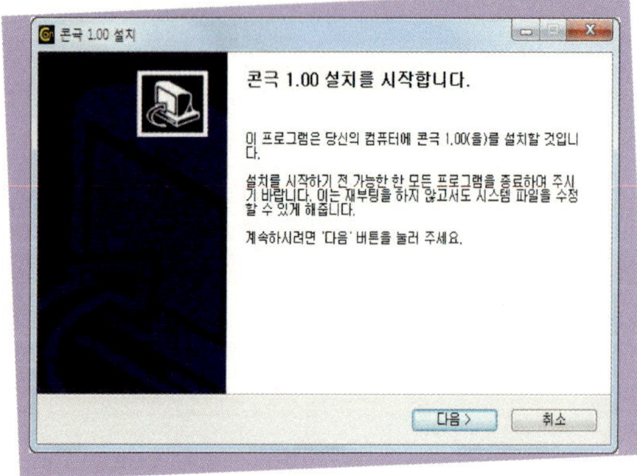

④ '위 사항에 동의합니다.'에 체크해주고, '설치'를 클릭합니다.

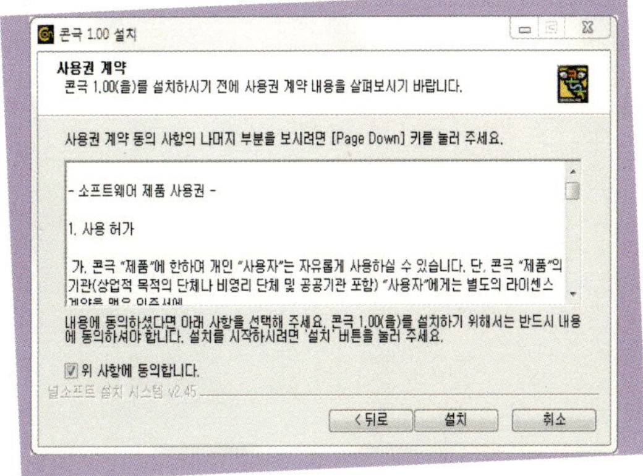

⑤ 설치가 완료되면 '마침'을 클릭합니다.

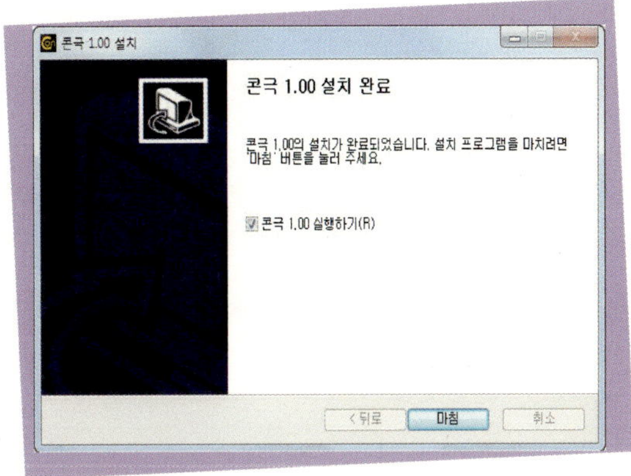

⑥ 콘극 실행화면입니다.
(콘극 저작도구 화면)

유틸리티 설치하기   Directx 설치하기

1 '유틸리티 설치하기'를 클릭
합니다.

2 Directx 폴더를 열어줍니다.

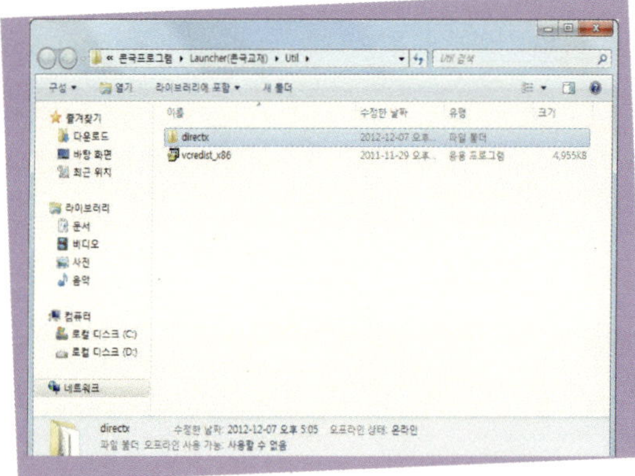

3 DXSETUP.exe 파일을
실행시킵니다.

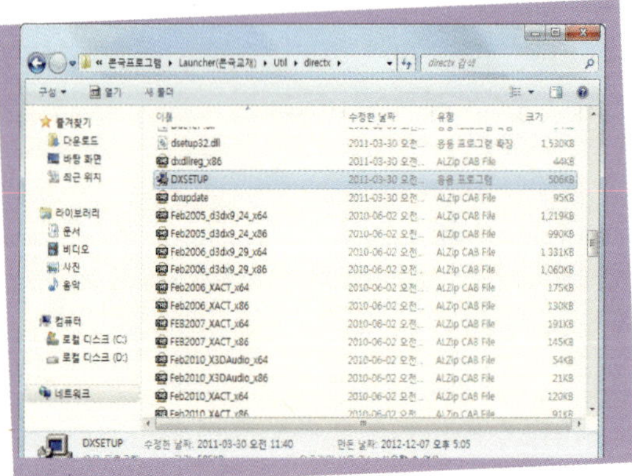

④ 설치 시작화면이 뜨면 '동의
함'에 체크한 후 '다음'을 클
릭합니다.

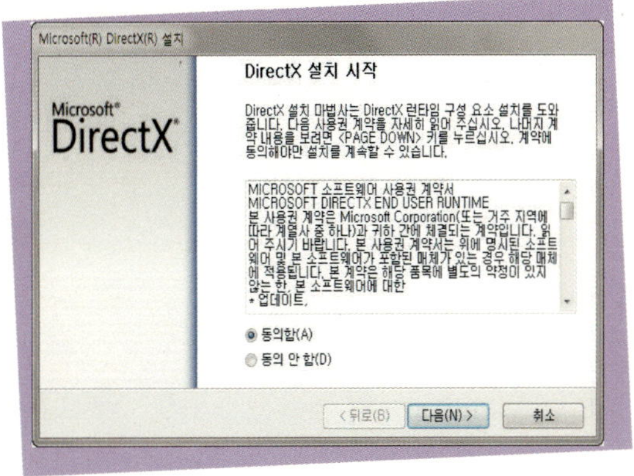

⑤ '다음'을 클릭합니다.

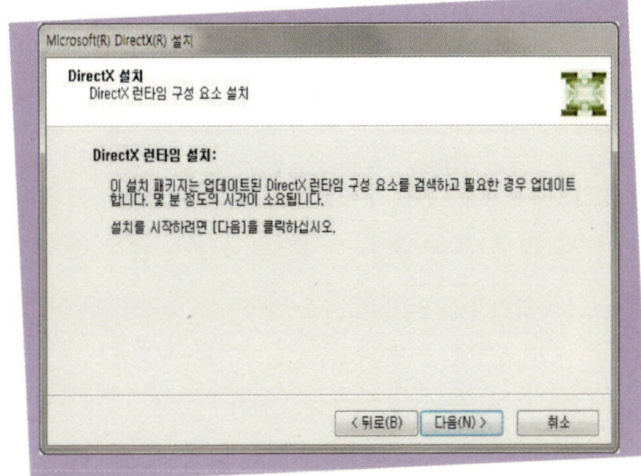

⑥ 구성요소가 설치되고 '마침'을
클릭하면 설치가 완료됩니다.

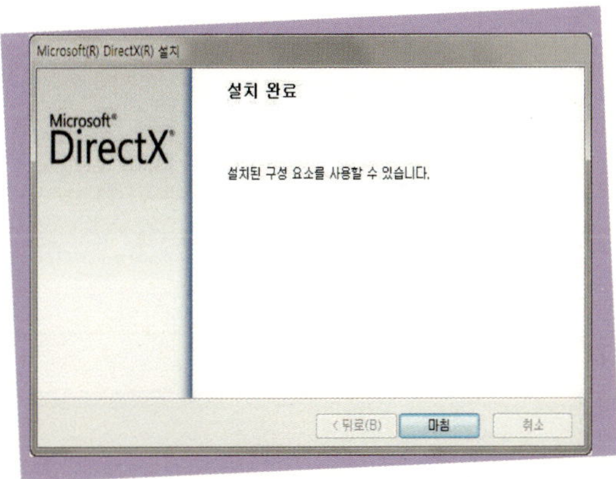

유틸리티 설치하기 vcredist_x86 재배포 가능 패키지 설치하기

1 '유틸리티 설치하기'를 클릭
합니다.

2 vcaedist_x86(32bit)
파일을 실행시킵니다.

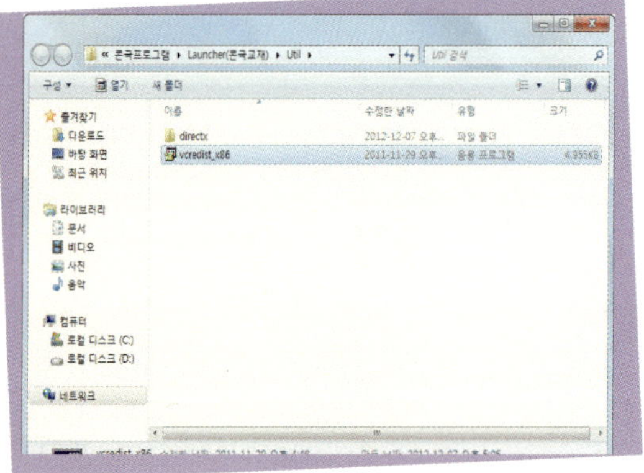

3 설치 화면이 뜨면 '동의함'
에 체크해주고, '설치'를
클릭합니다.

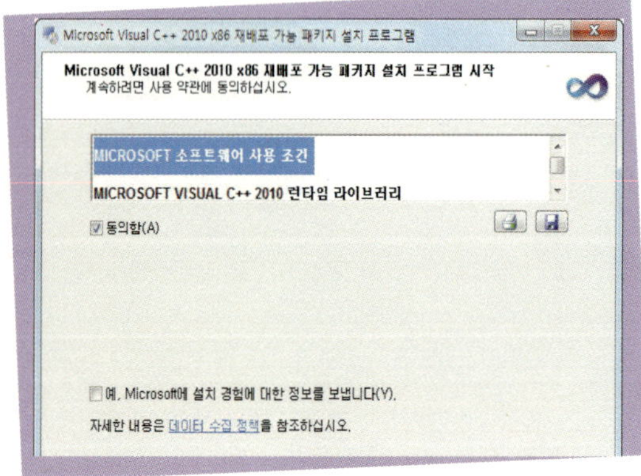

④ 설치 완료가 뜨면 '마침'을
클릭해주면 완료됩니다.

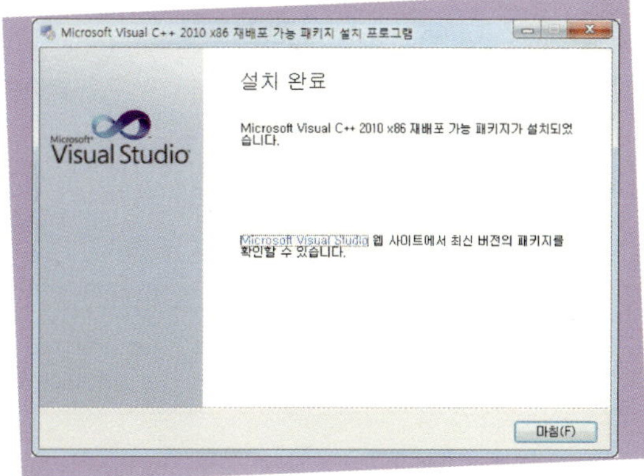

Tip

유틸리티를 설치한 후에도 실행되지 않을 경우 고객센터(032-866-7788)나 홈페이지(http://www.constory.net)로 문의하여 주세요.

2. 스토리보드 인쇄하기

5세 누리 과정의 단원별 학습에 나오는 원작 이야기, 창작 이야기, 우리 이야기의 스토리보드를 인쇄할 수 있습니다. 스토리보드에는 배경과 캐릭터의 등장 순서와 대본이 적혀 있고, 각 장면의 대본과 전체적인 스토리를 알 수 있습니다.

1 'CD 내용보기'를 클릭합니다.

2 스토리보드 폴더를 선택하고, 폴더를 열어줍니다.

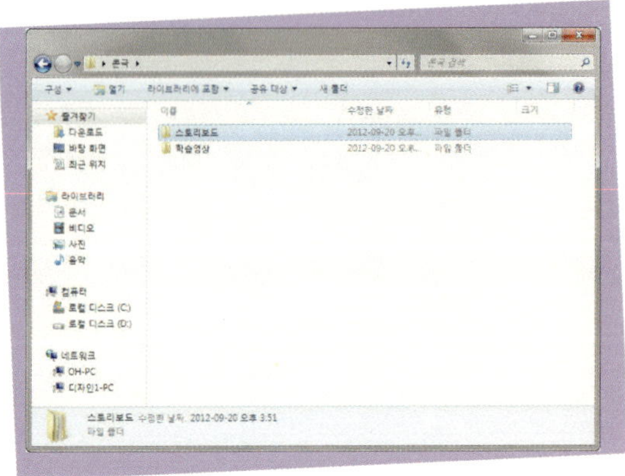

③ Chapter 4 폴더를 선택하고, 폴더를 열어줍니다.

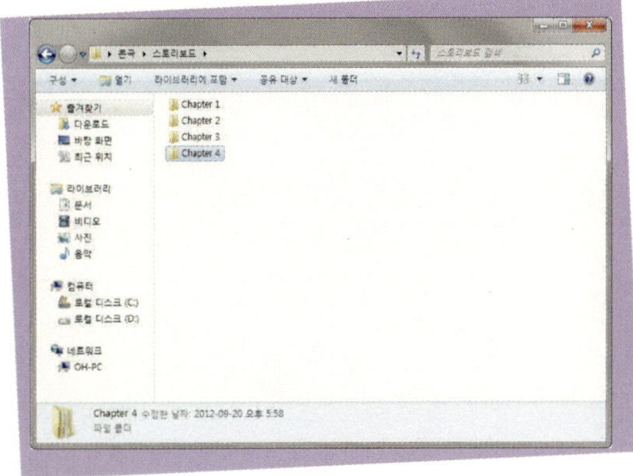

④ 과학적 탐구하기 2 폴더 를 열어줍니다.

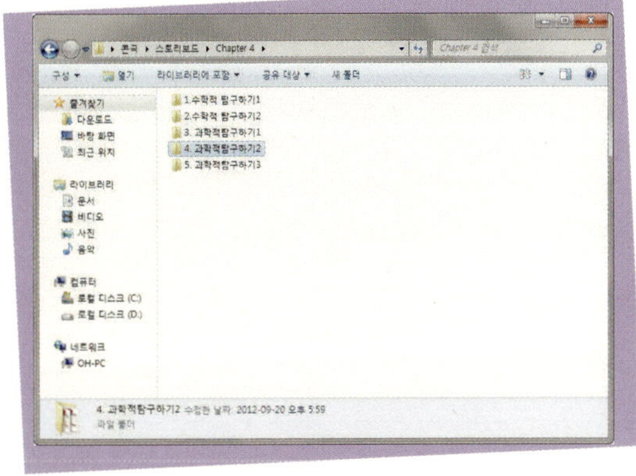

⑤ "북풍과 태양 2부" 파일을 열어줍니다.

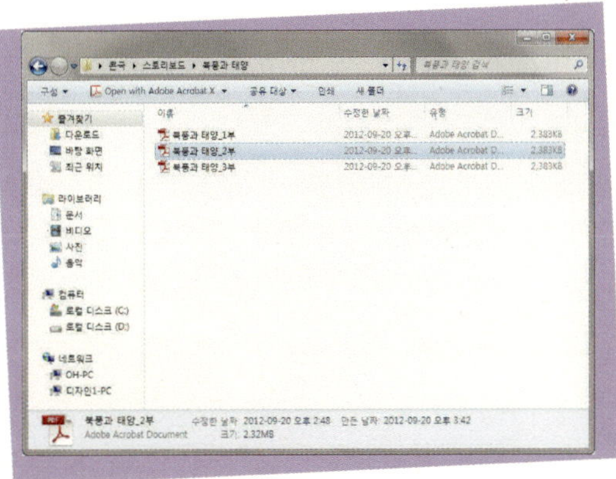

6 File 메뉴에 Print를
선택합니다.

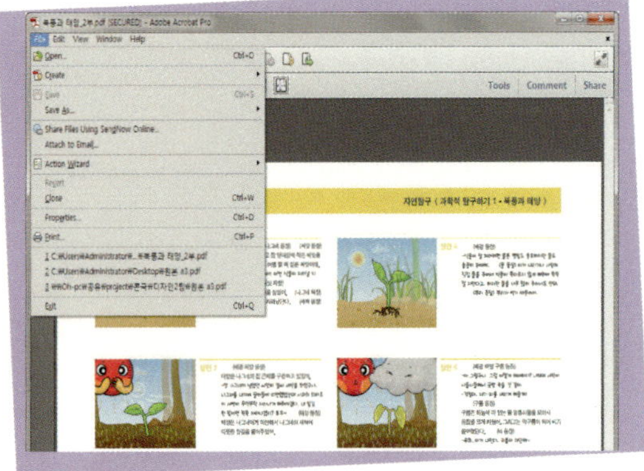

7 프린트를 설정해주고,
OK를 클릭해줍니다.

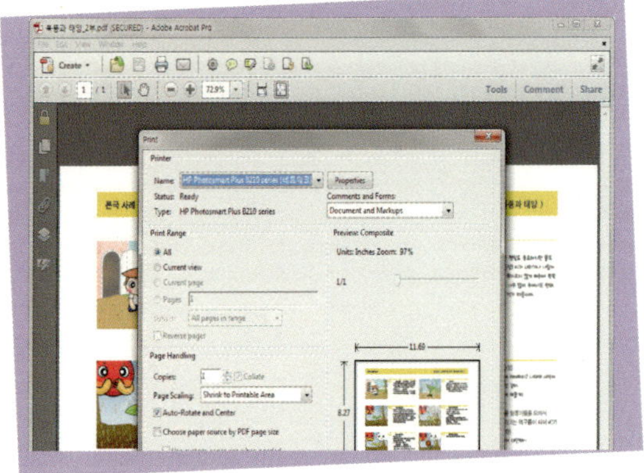

Tip

PDF 파일이 열리지 않을 경우
Adobe Reader(http://get.adobe.com/kr/reader)
를 설치해주세요.

3. 학습 영상 보기

학습 영상은 교재에 수록된 5세 누리 과정의 단원별 학습 콘텐츠로, 학습의 전 과정을 동영상으로 담아 쉽고 편리하게 사용할 수 있고 또한 아이들도 함께 따라 하며 즐겁게 학습할 수 있도록 하였습니다. 그리고 선생님이 직접 이야기를 들려주실 경우 학습하기 전에 콘극을 활용하여 유·아동에게 시연하는 방법을 익힐 수 있도록 하는 선행학습 자료로도 사용 가능합니다.

1 'CD 내용보기'를 클릭합니다.

2 "학습영상" 폴더를 선택하고, 폴더를 열어줍니다.

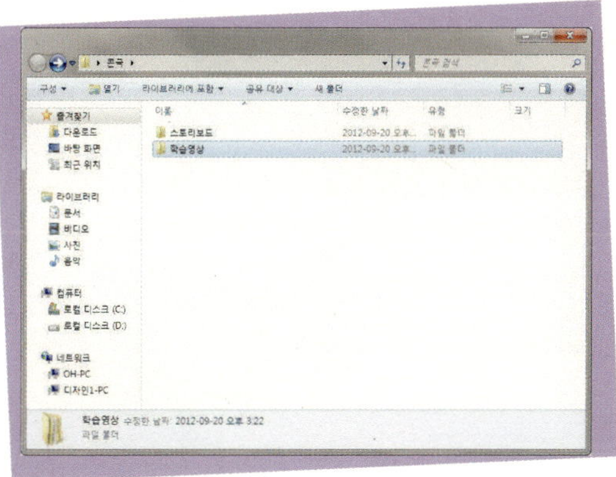

③ "Chapter 4" 폴더를 선택
하고, 폴더를 열어줍니다.

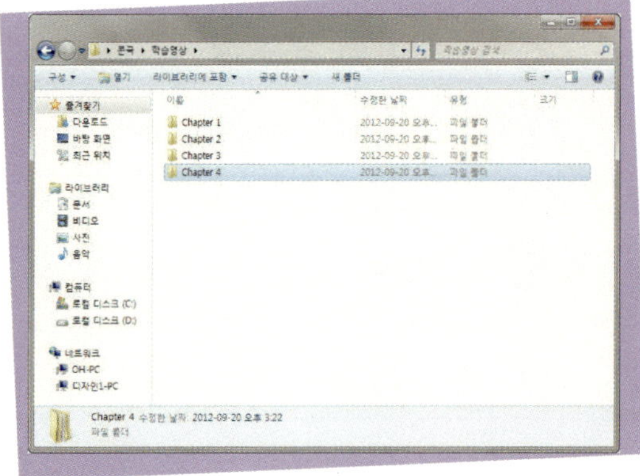

④ "4. 과학적탐구하기2" 폴
더를 열어줍니다.

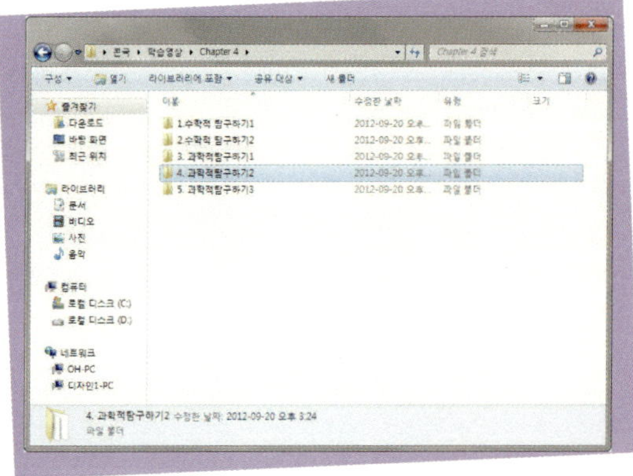

⑤ "북풍과태양 1부" 파일을 열
어줍니다.

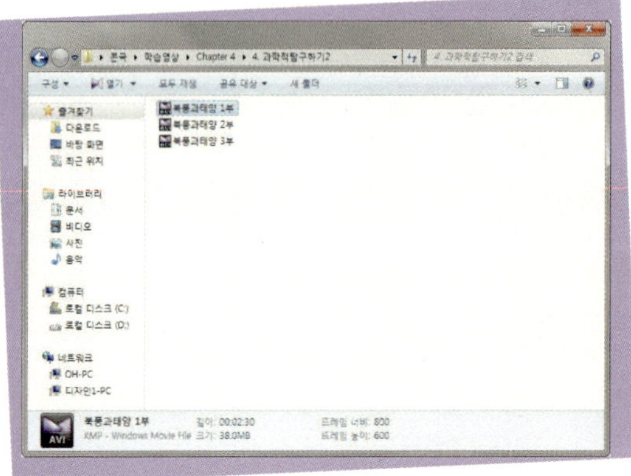

동영상 실행 영상

4. 추가 다운로드하기

설치된 콘극 안에 있는 액트아이템 외에 필요한 아이템을 추가하려면 콘극 사이트 (www.constory.net) 액트아이템몰에서 다운받아서 사용하실 수 있습니다. 또는 콘극을 실행하여 저작도구의 추가 다운로드 버튼을 클릭하여 이용하실 수 있습니다.

1 콘극 사이트 메뉴에서 액트아이템몰을 클릭합니다.

2 캐릭터 "해님과 달님이 된 오누이-여동생"을 클릭하여 놀란 표정을 선택해줍니다.

③ 선택한 후 장바구니에 넣
기를 클릭해 장바구니에
담아줍니다.

④ 장바구니에 있는 액트아이
템을 선택하고 주문합니다.
주문내용을 작성하고, 결제
합니다. 결제가 끝나면 구
매한 액트아이템을 다운로
드할 수 있습니다.

⑤ '다운'을 클릭하고 파일 다
운로드 화면이 보이면 '열
기'를 눌러 설치를 합니다.

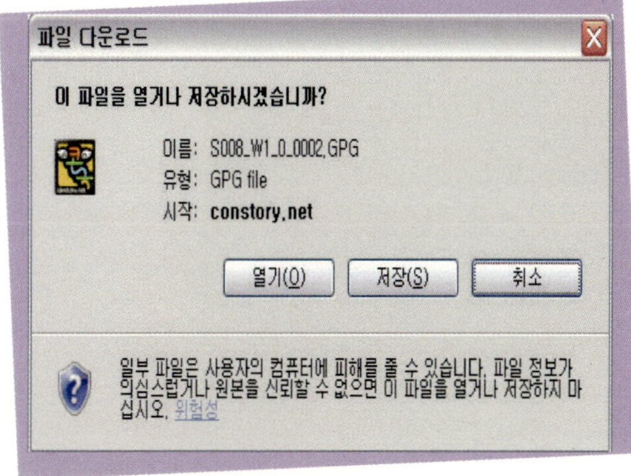

6 콘극을 실행하여 배경/캐릭터 버튼 누른 후 다운로드 받은 캐릭터를 확인할 수 있습니다.

콘극 프로그램에서 '추가 다운로드' 버튼을 클릭하면 다운로드 받을 수 있는 사이트로 이동하여 바로 사용할 수 있습니다.

Tip

콘극 블로그(http://blog.naver.com/g100pro)에 접속하여 콘극의 소개와 다양한 수업사례, 자료들을 볼 수 있습니다.

5. 내 마음대로 콘텐츠 스토리텔링 만들기

1. 전래동화 새롭게 쓰기 1(콩쥐팥쥐)

담당강사				오상석		보조강사	이원희
개요	인원	5/10	차시수	2/18	교육대상		초등 2 ~ 5학년
	교육장소		2층 정보화실		교육일시		08월 29일 수요일
							오전 ☐ 오후 ■ / 04:00 ~ 06:00
주제	전래동화 새롭게 쓰기(콩쥐팥쥐)				교육목표		– 콩쥐팥쥐 바로 알기 – 왜 그럴까 생각해보기 – 이렇게 바꾸면 어떨까

활동내용	도입 (10분)	**콩쥐팥쥐 바로 알기** – 콩쥐팥쥐 기존 이야기를 콘극으로 알아본다.
	전개 (80분)	**생각 키우기** – 해님달님 이야기 중에서 엄마와 호랑이가 무슨 대화를 하고 있는지, 어떤 상황인지 생각하고 스스로 작성해 본다. – 지난 시간과 이어서 캐릭터는 동일하게 두고 배경을 바꿔 무슨 대화를 하고 있는지 어떤 상황에 있는지 스스로 작성해 본다. **이야기 살펴보기** – 콩쥐팥쥐 스토리를 다시 한 번 이야기해 본다. – 콩쥐의 성격과 팥쥐의 성격을 이야기해 본다. **이렇게 바꾸면 어떨까** – 콩쥐는 항상 시도해보지도 않고 울기만 했을지 생각해 본다. – 연약한 콩쥐가 아닌 지혜로운 콩쥐로 바꿔본다. [사례 1] 밭을 매야 하는 콩쥐는 울지 않고 생각해 본다. – 부엌에 들어가 그릇을 이용해 돌을 담는다. 깨진 항아리에 물을 채워야 하는 콩쥐는 울지 않고 생각해 본다. – 진흙을 이용해 깨진 부분을 막는다. – 유리를 이용해 막는다.

활동내용	**발표** **(20분)**	나만의 이야기 – 해님달님의 이야기 중 엄마와 호랑이를 보면서 어떤 이야기를 하고 있을지 생각하고 발표한다. – 일상생활의 모습을 보고 작성한 그림을 가지고 어떤 상황인지 설명하고 어떤 대화를 하고 있는지 발표한다.
	마무리 **(10분)**	– 우리가 새롭게 만든 콩쥐팥쥐를 콘극을 통해 같이 확인한다. – 지혜롭고 평소에 친구들과 잘 어울리고 주변을 잘 관찰할 줄 아는 콩쥐와 나와는 어떤지 생각해 본다.
활동평가		– 지난 시간보다 표현하는 능력과 발표하는 능력이 많이 좋아졌다. – 그림을 보며 상상하는 부분에 있어서 단순히 배경지식으로만 하기보다는 그림 안에 있 는 배경, 캐릭터 동작, 표정 등을 관찰하는 능력이 좋아졌다. – 자신만의 이야기를 만들고 이야기를 할 때 적극적인 모습이 보인다.
수업총평		– 아이들의 반응과 흥미가 지난 시간보다 높았다. – 각자 생각한 이야기를 앞에 나와 발표할 때 소극적인 부분이 있었지만 상대방의 이야기를 듣고 자신의 이야기를 할 때는 집중도가 매우 좋고 스스로도 흥미를 느낀다. – 직접 이야기를 바꾸기 전 준비된 이야기를 바꿔보는 연습을 통해서 실제 이야기를 바꿀 때 주변을 더 관찰하게 되고 캐릭터의 특징도 관찰하는 능력을 키울 수 있어 좋다. – 함께 이야기하는 부분에서는 집중도가 좋지만 수업을 할 때는 집중도가 떨어져 들어가는 부분에서는 컴퓨터를 끄고 활동지를 통해 아이들과 함께 이야기하고 후반부에서 컴퓨터를 켜고 함께 콘극 활동을 시도할 필요가 있다.

2. 전래동화 새롭게 쓰기 2(흥부와 놀부)

담당강사	오상석			보조강사	이원희	
개요	인원	5/10	차시수	3/18	교육대상	초등 2 ~ 5학년
	교육장소	2층 정보화실			교육일시	09월 05일 수요일
						오전 □ 오후 ■ 04:00 ~ 06:00
주제	전래동화 새롭게 쓰기(흥부와 놀부)				교육목표	– 흥부와 놀부 바로 알기 – 왜 그럴까 생각해보기 – 이렇게 바꾸면 어떨까

활동내용

도입 (10분)

흥부와 놀부 바로 알기
– 흥부와 놀부 기존 이야기를 아이들과 함께 콘극으로 알아본다.

전개 (80분)

생각 키우기
– 개미와 베짱이 이야기 중에서 개미와 베짱이가 무슨 대화를 하고 있는지, 어떤 상황인지 생각하고 스스로 작성해본다.
– 지난 시간과 이어서 캐릭터는 동일하게 두고 배경을 바꿔 무슨 대화를 하고 있는지 어떤 상황에 있는지 스스로 작성해본다.

이야기 살펴보기
– 흥부와 놀부 스토리를 다시 한 번 이야기해본다.
– 흥부 입장에 서서 흥부를 이해한다.

이렇게 바꾸면 어떨까
– 무작정 흥부에게 떼를 쓰는 아이들이 아닌 흥부의 마음을 이해하고 이렇게 하면 아비지가 마음이 상하지 않고 받아들일 수 있는지 생각해본다.
– 놀부네로 밥을 얻으러 간 흥부는 뺨만 맞고 오지만 어떻게 하면 밥을 얻어올 수 있을지 생각해본다.

[선생님 사례]
내가 만약 흥부네 아이들이라면 어떻게 했을까?
– 무작정 어리광을 부리는 것이 아닌 집 사정을 이해하고 어리광을 부리지 않는다.
형수님께 어떻게 하면 밥을 얻어올 수 있을까?
– 홍길동이 이웃과 쌀을 나눠 먹으면 물건을 훔치지 않는다고 소문을 낸다.

활동내용	전개 (80분)	[학생 사례] 내가 만약 흥부네 아이들이라면 어떻게 했을까? – 아빠 어깨를 주물러주고 피곤하지 않으시냐고 여쭤본다. – 아빠한테 편지를 쓴다. – 배고픈 걸 표현하지 않는다. 형수님께 어떻게 하면 밥을 얻어올 수 있을까? – 쌀을 빌려주면 다음 달에는 두 배로 갚아주겠다고 말하고 빌려온다. – 형수님한테 밖에 무슨 일이 있다고 빨리 밖에 나와보시라고 말을 한 후 들키지 않게 갖고 나온다.
	발표 (20분)	나만의 이야기 – 개미와 베짱이 이야기 중 개미와 베짱이를 보면서 어떤 이야기를 하고 있을지 생각하고 발표한다. – 일상생활의 모습을 보고 작성한 그림을 가지고 어떤 상황인지 설명하고 어떤 대화를 하고 있는지 발표한다.
	마무리 (10분)	– 우리가 새롭게 만든 흥부와 놀부를 콘극을 통해 같이 확인한다. – 우리는 무작정 부모님께 떼를 쓰고 있지는 않은지 생각해보고 나는 부모님께 부탁을 드릴 때 어떻게 하는지 생각해본다.
활동평가		– 창작하는 부분에 있어서 아이들이 편하게 접근한다. – 이야기를 만들 때 자연스럽게 전 상황과 이후의 상황까지 판단하고 이야기를 더 풍성하게 만든다. – 나의 이야기를 하는 부분에 있어서 아이들이 적극적으로 참여하고 이야기한다.
수업총평		– 아이들이 수업 시간을 딱딱하게 생각하기보다는 편하게 생각해서 분위기가 많이 자연스러워졌다. – 아이들이 창작하고 이야기할 때 어렵게 생각하지 않고 나의 생각을 말하고 다양한 소재를 추가해 이야기를 다양하게 만든다. – 흥부와 놀부 이야기를 통해서 나의 이야기도 하게 되고 주인공과 입장을 바꿔서 생각하고 지금 나의 상황에는 어떻게 적용이 되는지 자연스럽게 학습활동을 할 수 있다.

3. 이솝우화 새롭게 쓰기 1(여우와 두루미)

담당강사		오상석			보조강사	이원희	
개요	인원	6/10	차시수	4/18	교육대상	초등 2 ~ 5학년	
	교육장소	2층 정보화실			교육일시	09월 12일 수요일	
						오전 □ 오후 ■	04:00 ~ 06:00
주제	이솝우화 새롭게 쓰기(여우와 두루미)				교육목표	– 여우와 두루미 바로 알기 – 왜 그럴까 생각해보기 – 이렇게 바꾸면 어떨까	

활동내용	도입 (10분)	여우와 두루미 바로 알기 – 여우와 두루미 기존 이야기를 아이들과 함께 콘극으로 알아본다.
	전개 (80문)	생각 키우기 – 늑대와 양치기 이야기 중에서 늑대와 양치기가 무슨 대화를 하고 있는지, 어떤 상황인지 생각하고 스스로 작성해본다. – 지난 시간과 이어서 캐릭터는 동일하게 두고 배경을 바꿔 무슨 대화를 하고 있는지 어떤 상황에 있는지 스스로 작성해본다. 이야기 살펴보기 – 여우와 두루미 스토리를 다시 한 번 이야기해본다. – 두루미의 입장에서 생각하고 이해한다. 이렇게 바꾸면 어떨까 – 여우는 두루미의 마음을 몰라서 더 괴롭히지 않았을까? 내가 두루미라면 여우에게 뭐라고 말했을까? – 저녁 식사에 두루미를 초대한 여우는 여전히 반성하지 않고 계속 괴롭히지만 모든 걸 예상하고 있는 두루미는 넓은 접시에 있는 고기스프를 어떻게 먹었을까? [선생님 사례] 내가 두루미였다면 여우에게 뭐라고 말했을까? – 여우야, 나는 새니까 당연히 부리가 긴 거야. 더 이상 나를 놀리지 않았으면 좋겠어. 두루미는 넓은 접시에 있는 고기스프를 어떻게 먹을까? – 미리 호리병을 챙겨 온 두루미는 호리병에 담아서 먹는다.

활동내용	전개 (80분)	[학생 사례] 내가 두루미였다면 여우에게 뭐라고 말했을까? – 네 하트 코를 보고 말해! – 너는 입이 납작해서 좋겠다. – 새니깐 그렇지, 그만 놀려. 두루미는 넓은 접시에 있는 고기스프를 어떻게 먹을까? – 빨대를 이용해 먹는다. – 여우에게 호리병이 필요하다고 말하고 호리병에 담아서 먹는다. – 숟가락을 이용해 숟가락으로 떠서 먹는다. – 네가 먹는 모습만 봐도 배부르다고 한다.
	발표 (20분)	나만의 이야기 – 늑대와 양치기 이야기 중 늑대와 양치기를 보면서 어떤 이야기를 하고 있을지 생각하고 발표한다. – 일상생활의 모습을 보고 작성한 그림을 가지고 어떤 상황인지 설명하고 어떤 대화를 하고 있는지 발표한다.
	마무리 (10분)	– 우리가 새롭게 만든 여우와 두루미를 콘극을 통해 같이 확인한다. – 나도 여우처럼 친구들을 배려하지 않고 괴롭힌 적은 없는지 생각해보고 왜 배려가 필요한지 생각해본다.
활동평가		– 아이들이 창작할 때 프린트에 새로운 그림을 그려서 다양한 상황을 만들고 다양한 이야기를 만들어낸다. – 동화 이야기를 콘극을 통해 확인할 때, 등장하는 캐릭터가 왜 그랬을지 한 번 더 생각하게 되고 캐릭터를 잘 이해한다.
수업총평		– 수업활동을 잘 이해하고 수업을 잘 따라온다. – 아이들이 이야기를 창작하고 자신이 만든 이야기를 이야기할 때 재밌어 하며 자신의 이야기를 하는 것을 많이 좋아한다. – 콘극을 통해 아이들의 이야기를 들어 줌으로써 아이들이 말하는 것에 재미를 느끼고 창작 이야기를 하면서 그 캐릭터의 감정을 자연스럽게 느낄 수 있어 감정을 잘 표현할 수 있게 된다. – 이제는 아이들이 잘 따라와 주어서 직접 캐릭터를 배치하고 배경을 불러와 콘극을 직접 해보도록 하는 방향도 괜찮을 것 같다.

4. 이솝우화 새롭게 쓰기 2(북풍과 태양)

담당강사				오상석		보조강사	이원희
개요	인원	6/10	차시수	5/18	교육대상		초등 2 ~ 5학년
	교육장소	2층 정보화실			교육일시		09월 19일 수요일
							오전 □ 오후 ■ 04:00 ~ 06:00
주제	이솝우화 새롭게 쓰기(북풍과 태양)				교육목표		– 북풍과 태양 바로 알기 – 왜 그럴까 생각해보기 – 이렇게 바꾸면 어떨까

활동내용	도입 (10분)	북풍과 태양 바로 알기 – 북풍과 태양 기존 이야기를 아이들과 함께 콘극으로 알아본다.
	전개 (80분)	**생각 키우기** – 해님달님 이야기 중에서 남매와 호랑이가 무슨 대화를 하고 있는지, 어떤 상황인지 생각하고 스스로 작성해본다. – 콘극 프로그램을 통해서 직접 배경을 불러오고 캐릭터를 불러와 위치와 순서를 정해 이야기를 한번 만들어보고 실행해본다. **이야기 살펴보기** – 북풍과 태양의 등장 모습을 콘극으로 보면서 서로 어떤 생각을 하고 어떤 사연인지 느낌을 이야기해본다. – 북풍과 태양 스토리를 다시 한 번 이야기해본다. – 북풍과 태양의 교훈이 무엇인지 이야기해본다. **이렇게 바꾸면 어떨까** – 바람이 많이 불어 힘들어하는 나그네, 바람을 이용해보는 건 어떨까? – 태양의 햇살에 더워하는 나그네, 햇볕을 이용해보는 건 어떨까? [선생님 사례] 나그네는 바람이 많이 불자 어떻게 했을까요? – 우산을 펴서 바람에 따라 승승 날아갔어요. 날이 다시 더워지자 나그네는 어떻게 햇볕을 이용했을까요? – 휴대용 태양전지를 꺼내 열에너지를 모아 선풍기를 충전했어요.

활동내용	전개 (80분)	[학생 사례] 바람이 많이 불자 나그네는 바람을 타고 날아갔어요. 나는 어떻게 할까요? – 집에 빨리 가서 옷을 가져온다. – 땀이 나도록 빨리 뛰어서 더 이상 춥지 않게 만든다. 그리고 바람이 불지 않는 쪽으로 간다. – 북풍의 구름다리를 타고 가서 북풍에 '똥침'을 한 후 북풍이 소멸되게 한다. 나는 태양열에너지로 어떤 것을 충전할 수 있을까요? – 선풍기, 에어컨, 자동차를 충전한다. – 태양열로 핸드폰을 충전해 핸드폰으로 에어컨을 사서 다시 태양열로 에어컨을 충전한다. – 에어컨을 충전한다.
	발표 (20분)	나만의 이야기 – 해님달님 이야기 중 남매와 호랑이를 보면서 어떤 이야기를 하고 있을지 생각하고 발표한다. – 콘극 프로그램으로 이미지들을 불러와 실행하고 누가 먼저 나오고 어떻게 이야기가 진행이 되는지 직접 하면서 이야기한다.
	마무리 (10분)	– 우리가 새롭게 만든 북풍과 태양을 콘극을 통해 같이 확인한다. – 우리의 상상력으로 북풍과 태양을 이용해서 할 수 있는 것들을 생각하고 상상력을 키운다.
활동평가		– 수업 활동을 전체적으로 이해하고 적극적으로 참여한다. – 콘극 프로그램을 이용해 활동을 하면서 아이들이 직접 해보고 실행하기 때문에 흥미를 많이 느낀다. – 위치 변경과 크기를 자유롭게 조절할 수 있고 등장·퇴장 효과를 주면서 이야기를 다양하게 만든다. – 아이들이 내 이야기뿐만 아니라 친구의 이야기를 잘 들어 주며 들으면서 자신이 생각하지 못한 부분들을 여러 가지로 생각하며 이야기한다.
수업총평		– 새로운 방식으로 콘극 프로그램을 통해 활동을 하면서 아이들이 적극적으로 참여한다. – 콘극을 만드는 과정을 앞으로 수업을 통해서 배우면 아이들이 쉽게 잘 따라올 것 같다. – 콘극으로 이야기를 만들 때 등장 효과만으로도 아이들이 흥미를 느낀다. – 한 장면의 이야기로도 충분히 재밌는 이야기를 만든다.

(주)지백프로(대표: 오상석)

인천광역시 남구 주안 1동 231-11 우신주안빌딩 904호
인천형 (예비)사회적기업(사회서비스: 교육)

2012년 인천 문화콘텐츠 스토리텔링 공모전 특별상
　　　　인천정보산업진흥원 지역특화콘텐츠제작 지원사업 선정
　　　　중소기업청 창업성장기술개발지원사업 앱개발 선정
　　　　기업부설 연구개발전담부서 인증
　　　　벤처기업 확인(기술보증기금)
　　　　인천광역시 남구와 미디어교육 활성화 협약
　　　　신개념 창작극 콘극 동아TV 방영(VJ매거진)

2011년 인천정보산업진흥원 지역특화 콘텐츠제작지원사업 선정
　　　　인천경제통상진흥원 디자인개발 주관기관 선정
　　　　인천대학교 예비기술창업자육성사업 선정
　　　　인천문화산업진흥지구 입주 기업지원 선정

상상력과
호기심이 가득한
창작콘텐츠극 **콘극**

초판인쇄	2013년 2월 28일
초판발행	2013년 2월 28일

지은이	(주)지백프로(대표: 오상석)
펴낸이	채종준
펴낸곳	한국학술정보(주)
주　소	경기도 파주시 문발동 파주출판문화정보산업단지 513-5
전　화	031)908-3181(대표)
팩　스	031)908-3189
홈페이지	http://ebook.kstudy.com
E-mail	출판사업부　publish@kstudy.com
등　록	제일산-115호(2000.6.19)

ISBN　978-89-268-4116-7 13370 (Paper Book)
　　　　978-89-268-4117-4 15370 (e-Book)

이담
Books 는 한국학술정보(주)의 지식실용서 브랜드입니다.